SOUVENIR DE GRASSE

ET

DE SES ENVIRONS

LETTRES

DE MADAME HENRIETTE DU LAC

RECUEILLIES ET PUBLIÉES PAR X...

PRIX NET : 0' 75'
60' LES Cent EXEMPLAIRES
Chez tous les lib'" de Grasse et de Cannes

N.-D. DE LÉRINS,

IMPRIMERIE MARIE-BERNARD,

1876

SOUVENIR DE GRASSE

ET

DE SES ENVIRONS.

SOUVENIR DE GRASSE

ET

DE SES ENVIRONS

LETTRES

DE MADAME HENRIETTE DU LAC

RECUEILLIES ET PUBLIÉES PAR **X...**

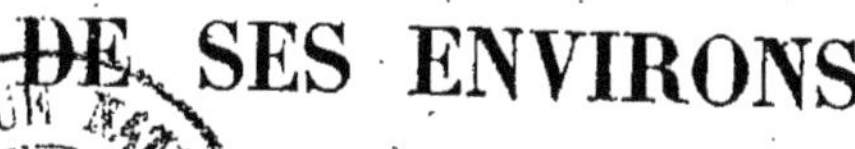

PRIX NET : **0ᶠ 75ᶜ**

60ᶠ LES **Cent** EXEMPLAIRES

Chez tous les libᵣₑₛ de Grasse et de Cannes

N.-D. DE LÉRINS,

IMPRIMERIE MARIE-BERNARD.

1876

PRÉFACE

Je ne doute point que ces belles mais trop courtes pages écrites sur Grasse n'obtiennent le succès qu'elles méritent. On ne pouvait mieux sentir et mieux peindre les beautés, les merveilles et le ciel de ce pays. Le *Souvenir de Grasse* sera bientôt dans les mains de tous les habitants de cette ville, et les Etrangers qui vont la visiter, ne pouvant emporter ni les brises douces et parfumées qui ne soufflent point ailleurs, ni tant de vues charmantes et indescriptibles, emporteront ce *Souvenir* et en lisant ces lignes se croiront encore à Grasse ; les commerçants le jetteront aux quatre coins du monde avec les produits de leur commerce, et Grasse, mieux connue, verra peut-être un jour une foule d'Etrangers de toutes les parties de l'univers accourir dans ses murs, bâtir des villas et venir se réchauffer aux rayons de ce soleil qui donne la santé à tous, rend les forces aux malades et revêt les fleurs de beauté, de parfums et d'éclat.

Les quelques *Adresses* placées à la fin

du volume, en faisant connaître le nom et la demeure des principaux commerçants et industriels de la ville, serviront aussi à conduire les Etrangers sur les places, les boulevards et dans des rues rapides et irrégulières, perdues au milieu de massifs de maisons s'élevant jusqu'au ciel et disposées sans art.

L'ÉDITEUR.

SOUVENIR DE GRASSE

ET

DE SES ENVIRONS.

ASPECT GÉNÉRAL.

MON CHER JULES,

Nous voilà à Grasse, dans cette ville dont la réputation s'étend aux quatre coins du monde, ville connue de tous les commerçants, de toutes les dames et même de tous les petits bébés. Je me rappelle que jeune encore, ma bonne me tressait avec la pommade de Grasse les blonds et longs cheveux (hélas, que sont-ils devenus!). Aussi, Grasse me semblait une vieille connaissance, et j'ai tressailli de joie quand, en longeant les flots bleus de la Méditerranée, un voyageur nous a montré Grasse drapée dans son noir manteau, mollement étendue au pied de hautes montagnes. J'ai encore été émue quand je l'ai revue le soir, au moment où le Train semblait s'être égaré au milieu d'un dédale de sombres oliviers ; elle m'apparut alors comme une reine couronnée d'étoiles étincelantes. J'arrivai heureuse à l'hôtel Victoria, tu sais qu'il y a des noms qui portent bonheur : il me semblait que j'entrais chez moi, tellement je trouvai du calme et de la tranquillité. Au jour, je descendis avec Thérésa le boulevard du Jeu - de - Ballon, et nous allâmes sur le Cours respirer l'air du matin. Les gens nous ont paru affables et polis, les figures plutôt sympathiques que railleuses : nous voyions beaucoup d'ouvriers se rendant au travail, peu d'oisifs et de curieux. Du Cours on a une vue magnifique : la mer en face dans le lointain avec une brume légère qui se dissipait ; à gauche le soleil qui se levait et dorait déjà la montagne et le haut de la ville ; partout des villages se dressant sur les mamelons ; une forêt, mais une forêt épaisse et sombre de noirs oliviers ; des maisons blanches placées pour briser, dirait-on, cette monotonie ; une vaste prairie qui se déroule dans la plaine ; un ciel beau et doux, une brise toujours fraîche et légère, et quelque chose d'indéfinissable qui vous saisit, vous réjouit et vous attire, voilà, mon cher Jules, ce que j'ai ressenti ce matin..... Cependant Cannes , Cannes a quelque chose de plus souriant, de plus séduisant , de plus féerique : à Grasse il n'y a pas la mer, la brise d'Orient, le sable brûlant du rivage. Où pourrait-on retrouver ces palais , ces villas , ces châteaux aux mille formes, à l'aspect toujours varié et toujours plus enchanteur : ces flèches, ces tourelles, ces clochetons aux mille couleurs paraissant sortir du sol, plus frais, plus sveltes, plus gracieux que les arbres qui semblent les soutenir : ces promenades , ces jets-d'eau, ces jardins où les fleurs s'amoncellent à la hauteur des arbres ; ces palmiers, ce teint bronzé des habitants qui vous rappelle l'Afrique et l'Orient ; ces îles qui semblent dormir au milieu d'un lac tranquille ; cette mer qui vous parle, vous sourit, vous appelle... Cannes est

une reine toute jeune et toute belle.
Grasse est une reine aussi, mais une reine
âgée. Elle semble dédaigner les orne-
ments de sa rivale ; elle ne se revêt point
de rubans, de falbalas, de faux atours
comme une jeune fille ; fière de son passé,
elle regarde l'avenir avec assurance, et
cependant à sa place je tremblerais.

En quittant le Cours, nous avons parcouru une rue qui n'est rien moins que
droite, bien qu'elle porte ce nom, nous
avons vu les Aires, aux arcades à l'ita-
lienne, la Fontaine à triple étage, et nous
sommes revenus à l'hôtel. Thérésa a été
comme moi enchantée de notre première
matinée à Grasse ; elle te fera part, j'espère, de ses notes et de ses impressions.

Adieu, mon bon ami, pense toujours
à nous, et donne-nous souvent de tes
nouvelles.

Henriette Du Lac.

GRASSE ET CANNES.

MON CHER JULES,

D'où vient, me dis-tu, que je ne suis pas restée à Cannes, puisque Cannes est un pays si enchanteur; puisque Cannes a, outre les agréments de Grasse, la mer qui vous apporte les soupirs et les échos des peuples étrangers, les navires qui ont touché aux ports de l'Orient et chauds encore des brises du désert..... Voici, mon bon ami, ma réponse en deux mots : A Cannes on vit, à Grasse on revient à la vie. Je n'aime plus les cris de joie, les

chants de fête, le roulement des voitures
depuis le jour où l'âme de Gaston s'est
séparée de la nôtre. Les chants de joie
me rappellent les chants pour les morts;
les voitures de plaisir me font penser au
char funèbre qui conduisit notre enfant
dans la tombe... Thérésa elle-même n'aime
plus ce qu'elle a tant aimé autrefois; elle
ne peut s'habituer à la séparation de son
frère; comme moi, elle cherche le calme,
et en ce moment elle jouit d'une tranquillité qui n'est le fruit ni de la tempête, ni
du plaisir, mais d'une vie peu agitée et
d'un climat doux et uniforme. Ici le soleil
ne brûle point la terre, bien qu'il la
chauffe fortement, et il ne noircit pas
non plus le teint des pâles malades; la
brise de mer arrive purifiée de ses sels
qui la rendent âcre et fatigante pour les
poitrines débiles, elle est douce et onc-

tueuse comme une liqueur qui sort du
filtre et, de plus, agréablement parfumée
par toutes les fleurs qu'elle a caressées
de la plage au pied des montagnes. Le
soir, au contraire, la brise du Nord nous
apporte les senteurs des plantes alpestres
et chasse sur la mer les brouillards en-
gendrés par la chaleur. Je sais bien, mon
ami, que tu es toujours de l'école de La-
martine et de Musset, et que pour une
barque napolitaine, pour le regard d'une
Andalouse, pour une ruine du désert,
pour la feuille d'un palmier, tu donnerais
la moitié de ta vie. Mais tu viendras nous
voir, tu verras tout cela dans un petit
coin de la Provence, et quand tu auras
tout vu, je suis sûre que tu diras comme
nous : Cannes est à voir, mais il vaut
mieux habiter Grasse. Dans ces villes cos-
mopolites, il est passé un souffle satanique

qui a empoisonné tous les cœurs : le
Français y vit à côté de l'Allemand sans
rien ressentir dans son âme ; le Chrétien
vit de même à côté du Protestant , du Juif,
du Turc : l'enfant y apprend à vivre tranquille loin de sa famille et de sa patrie.
Ici , grâce à Dieu , on vit encore de la
vie de famille , et l'esprit chrétien comme
l'esprit de nationalité ne cesse de produire
d'heureux fruits ; ce qui n'empêche nullement d'être sympathique aux étrangers,
puisque c'est à l'Etranger que l'on expédie
la plus grande partie des productions de
la ville. Ne va pas croire cependant , mon
cher Jules , que Grasse soit une vaste né-
cropole , où les vivants reposent en paix
à côté des morts et des mourants ; il y a
à Grasse beaucoup de vie et d'activité , on
y aime plus le travail que le plaisir ; seulement l'ouvrier travaille avec sa femme

pour élever et nourrir ses enfants, et on n'y rencontre pas comme dans les grandes villes ces hommes bons à tout, propres à rien, ces êtres déclassés et nomades, la lie de toutes les nations. Le commerce qui s'agrandit et s'étend de plus en plus, prouve l'activité de ce peuple, et sa tranquillité prouve son bon esprit.

LA CAMPAGNE DE GRASSE.

Mon cher Jules,

Je vais aujourd'hui essayer de te décrire cette campagne de Grasse si belle ; si riante, ou plutôt cet immense jardin ouvert librement à tout le monde. On est à la fois à la ville et aux champs, et pour aller respirer l'air pur, on n'est pas obligé de longer ces avenues interminables, où les roues des chars vous jettent à la figure tantôt une boue dégoûtante et liquide, tantôt des tourbillons de poussière. On ne voit d'aucun côté des murs lézardés

et noircis par le temps ; on part et on est
aux champs , au milieu des fleurs et des
fruits ; tout semble vous appartenir ; nulle
part on n'entend des chiens aboyer à vos
trousses , nulle part le cri barbare et
glacial : *On ne passe pas !..* Nous sommes
au mois de mai , partout l'on voit les
blanches fleurs des jasmins jetées comme
des flocons de neige sur un vaste manteau
de verdure. Presque toute la journée, de
nombreuses jeunes filles , au gracieux
sourire , à la main légère , au costume
simple et pittoresque , vont de planche
en planche, de buisson en buisson cueillir
les fleurs épanouies ; mais à mesure qu'elles s'éloignent , d'autres fleurs s'entr'ou-
vrent , et le lendemain matin la même
rosée blanche, la même neige parfumée
couvre les mêmes champs. Ici , c'est une
plantation de fières tubéreuses qui n'osent

incliner leur front sous la brise trop fai-
ble du matin. Là, naissent sous vos pas,
comme les chardons sur les bords des
routes, les jonquilles dorées, la menthe
odorante, les timides violettes ; et pendant
que la vigne s'arrondit en voûte et grimpe
sur les arbres, les roses s'établissent partout ; elles pendent des murailles, s'allongent comme des ronces sur les bords
des ravins, se dressent en haies parfumées le long des sentiers. Pour cueillir
toutes ces fleurs, hommes, femmes,
enfants, comme un essaim d'abeilles et
comme de légers papillons, se glissent
au milieu de ces tiges entrelacées, reviennent quelquefois ensanglantés, mais
toujours chargés de butin. Oh ! il faut que
tu viennes voir tout cela, et il faut que
nous voyions aussi en fleur les violettes,
les anémones aux mille couleurs et aux

variétés infinies, et les lis qui commen-
cent à pousser même sur les bords des
sentiers. Thérésa qui aime tant les fleurs
fait fardeau de tout, traînant celles qu'elle
ne peut porter. Elle est heureuse de rencontrer une plante qu'elle n'a jamais vue,
et d'agrandir ainsi sa collection de botanique. Cette pensée la fait revivre; au
jour elle est sur pied, et si je l'écoutais,
la nuit nous surprendrait souvent dans
les champs, admirant encore ce sol béni,
ces arbres toujours verts, ces orangers
et ces cassis fleuris, respirant ces agréables senteurs qui naissent sous vos pas
et semblent tomber sur vos têtes ; mais
je m'arrête, déjà peut-être tu cries à
l'exagération... n'en crois rien, mon bon
ami ; tout ce que l'on peut dire de la
campagne de Grasse sera toujours au-
dessous de la réalité. Ceux qui n'ont ja-

mais visité ces contrées ne croient pas
plus à cette grande variété de fleurs,
qu'ils ne croient à ces immenses forêts
d'oliviers gigantesques, à ces figuiers qui
ont des troncs comme des chênes, à ce
climat toujours doux et uniforme. A cette
saison, les mouches elles-mêmes se re-
vêtent de lumière et de diamants pour
vous faire admirer, même la nuit, les
beautés de cette luxuriante nature : quand
les ombres s'étendent sur la terre, des
légions de lucioles sortent de tous les
buissons, éclairent tous les sentiers ; de
loin elles scintillent comme des étoiles,
et quand elles s'arrêtent sur vos vêtements,
elles brillent comme des topazes. Les enfants leur font la chasse, les retiennent
quelque temps captives et puis leur rendent la liberté. N'est-ce pas que tout ici
est curieux ? et d'où vient que chez nous
l'on ne voit rien de semblable ? ?

LE MOIS DE MAI.

Grasse, le 20 mai.

Recevoir les baisers des jasmins et des roses;
Respirer le parfum des fleurs à peine écloses,
Comme le papillon qui naît, vit et s'endort
Dans le sein d'une fleur, avec ses ailes d'or;
Sous un soleil brillant, un ciel toujours tranquille,
Dans des champs toujours verts, un sol toujours fertile,
Errer comme au hasard, respirant un air pur,
Nous revêtant de fleurs, nous nourrissant d'azur,
Buvant une eau limpide et jetant dans l'espace
Un soupir vers le ciel! C'est notre vie à Grasse!

C'est aussi la vie des habitants tous les
jours de l'année, car il fait ici un printemps continuel. Mais le mois de mai

surtout déploie dans les champs ses plus belles parures et sème partout ses plus beaux diamants. A nulle reine de la terre ou du ciel on n'a jamais offert autant de fleurs qu'à Grasse ; et si cette ville elle-même n'est peut-être pas aussi gracieuse que son nom semble le dire, la faute n'en doit être attribuée ni à Dieu ni à la nature. Tous les jours des milliers de chars, charrettes, voitures arrivent encombrés de fleurs ; le chemin de fer en jette dans les gares des trains entiers venant de Cannes, de Nice, d'Italie, d'Espagne. Partout on voit aussi, légères et court-vêtues, des jeunes filles proprettes et gentilles portant sur leur tête des corbeilles de roses, de jasmins, de fleurs d'oranger. Là, ce sont des mulets rétifs qui se suivent en longues files, paraissant chargés de sel et pliant sous le poids des

roses ; ici, c'est une vraie troupe d'ou-
vrières enrégimentées, travaillant presque
nuit et jour, se rendant aussi aux parfumeries et tombant comme des abeilles
affamées sur la pâture qu'on leur apporte.
D'une montagne de fleurs il ne reste bientôt que quelques débris infects ; les unes
sont mises sous presse, d'autres dans
des châssis, celles-ci dans des chaudières
bouillantes, celles-là dans de prodigieux
alambics ; toutes elles sont transformées
en quelques heures pour prendre le nom
de *pommade* ou d'*essence*. Pendant ce
temps, les champs aussi ne restent pas
oisifs : une nouvelle fleur vient remplacer
la fleur cueillie le matin ; et pendant la
nuit, alors que tout sommeille, grâce à
la rosée, le bouton de fleur grandit,
s'épanouit et sourit à l'aurore naissante ;
mais déjà il a cessé de vivre, la brise

seule a pu le caresser, et la main rapace qui attendait son réveil est venue le ravir à la lumière pour le jeter au milieu des flammes. Cette chasse aux fleurs dure six mois de l'année, chasse innocente et agréable à laquelle presque toutes les femmes prennent part et qui ne laisse pas d'avoir aussi ses dangers : ici, comme ailleurs, on ne trouve pas de roses sans épines, et les épines piquent souvent la main indiscrète et hardie qui vient profaner la rose... Toutes les fleurs cependant ne vont pas aux usines ; les croix des chemins en sont ornées, les maisons en sont parfumées, les autels à l'église en sont chargés. Le Mois de Marie se fait ici très-bien ; tous les soirs on court en foule aux divers sanctuaires de la Vierge , et on y va volontiers pour respirer ce parfum des fleurs mêlé au parfum plus pur en-

core des prières des fidèles ; pour entendre des chants joyeux en l'honneur de la
Reine du ciel, qui est la rose mystique
et le lis de la vallée. Nous prions toujours
pour toi et pour notre Gaston qui aimait
tant, lui aussi, à faire son Mois de Marie
dans sa chambrette ; à cueillir dans la
plaine des fleurs pour sa mère du ciel et
de la terre. Oh! s'il était ici!!!

VUE DE GRASSE.

Mon cher Jules,

Nous habitons, au nord-est de la ville, une petite villa placée au milieu des oliviers, avec jardin, allées, promenades, tonnelles de lauriers et de vignes. Nous pouvons assister tous les matins au lever du soleil et au réveil de la nature. Nous voyons au loin la mer immobile, à l'Est les grandes Alpes; dans la plaine, sur les collines, des villages coquets *; dans la

* Magagnoses, Château-Neuf, Plascassier, Mougins, Le Plan, la Napoule, Tanneron, Auribeau.

ville, la noire fumée des fabriques que le
vent du Nord jette dans la vallée. Au dessous de nous, l'ancien cimetière avec ses
tombes, ses vieux murs, ses croix noires
qui chancellent, des personnes affligées
qui le soir vont porter des fleurs, des
larmes et des prières sur la fosse de ceux
qui furent leurs amis; le dimanche surtout, on voit quelquefois une foule nombreuse circuler au milieu de cette forêt de
croix, les unes debout, les autres à terre,
glisser comme des serpents sous les longues herbes, puis pleurer et sortir. Tout
près, tombe un petit ruisseau; joli comme
le nom qu'il porte (*riou blanquet*); son
murmure se mêle aux soupirs de ceux qui
ne sont plus, et rappelle aux vivants ce
que c'est que la vie.....

Plus près de nous se trouve la grande
source de Grasse avec les lavoirs qu'elle

alimente. — Des lavoirs publics et décou-
verts au milieu de la ville ! quelle idée ! !
Des femmes dans l'eau, à demi-vêtues,
criant, insultant parfois les passants qui
ne peuvent passer ailleurs ; troublant à
sa source une eau qui traverse la ville
en tous sens, divisée ici en mille canaux,
là, réunie et formant un vrai torrent avec
des cascades de dix mètres, des gouffres
profonds où souvent des enfants se noient ;
entrant dans toutes les maisons, sortant
de tous côtés, ici, limpide et parfumée,
là, verdâtre et infecte, plus loin tiède et
fumante, allant fertiliser les prés et les
jardins après avoir mis en mouvement
les nombreuses usines de la ville. Bien
en face de nous, la tour du clocher attire
notre attention et par sa hauteur prodi-
gieuse et par le chant de ses cloches qui
ne cessent de s'agiter pour les vivants

ou pour les morts, mêlant leur voix au
bruit infernal qui s'élève de tout le quartier Est. Là, les layetiers, les menuisiers,
les quincailliers, les ferblantiers, les
chaudronniers, les serruriers, les tonne-
liers et tous les ouvriers en *iers*, travaillant le bois ou le fer, se sont donné
rendez-vous. C'est une vraie caverne de
cyclopes où le tam-tam des marteaux re-
tentissant sur le cuivre, le fer ou l'enclume,
étouffe la voix des hommes et les cris
des animaux conduits à l'abattoir, situé
aussi dans ces parages. A l'ouest, c'est le
Jeu-de-Ballon où les voitures se pressent,
se heurtent, s'éclaboussent ; le Cours,
où vont respirer et s'asseoir les gens oisifs
et les étrangers ; plus haut le Tribunal,
édifice massif et sans grâce ; à notre
droite une petite source limpide, ombragée de hauts peupliers et de massifs

de verdure, demeure ordinaire des rossignols et des fauvettes ; derrière nous la
montagne qui commence, des troupeaux
de chèvres, la voix du pâtre, le chant
matinal des perdreaux, les aboiements
des chiens de chasse, les grands chênes
qui nous défendent des autans et nous
préservent de la foudre ; quelques touffes
de pins élancés, s'élevant au-dessus des
chênes verts, se dressant sur des rocs
solitaires, agitant leurs feuilles mobiles
et nous envoyant avec la brise du soir
leurs tièdes senteurs.

MONUMENTS.

Grasse, le 1ᵉʳ Juin.

Pourquoi te plains-tu, mon bon ami? Veux-tu que je te parle de ce que je ne vois pas, et crois-tu que les monuments, les palais et les châteaux poussent ici comme les fleurs? Crois-tu que Grasse soit une ville comme Paris, où l'on passe ses journées dans les musées, les immenses monuments publics, les théâtres? Ici, l'on ne peut avoir aucun de ces plaisirs, aucune de ces distractions. Ah oui! allez parler monuments à des commerçants qui ne font que des caves pour enfouir leurs marchandises ; soirées, à des gens qui comptent la nuit le gain de la journée, et qui savent, comme tout le monde, que pour faire fortune il ne faut pas jeter d'une main ce qu'on ramasse péniblement de l'autre.

Quand on a visité l'Eglise, vaste vaisseau lourd et massif, semblable à une citadelle plutôt qu'à un édifice religieux ; le Palais de Justice, plus massif et plus étroit encore ; l'Hospice, où se trouvent deux tableaux de Rubens ; l'hôtel Malvilan, où l'on voit encore tout un salon de Fragonard ; le palais froid et désert d'un baron ; quand, dis-je, on a visité ces établissements, on a tout vu : après, il n'y a plus que de grandes maisons particulières, des parfumeries, des savonneries, des moulins, des fontaines, quelques jardins suspendus. Mais je me trompe : il y a encore les établissements d'éducation très-nombreux, il est vrai, mais nécessaires à une ville où tout le monde est instruit et où l'on naît commerçant, comme marin à Dunkerque : Un nouveau Petit-Séminaire à peine achevé, aux formes colossales, imposantes et gracieuses ; un Externat des Frères des Ecoles Chrétiennes, où peuvent se mouvoir plus de deux cents élèves ; un Pensionnat des Dames de la Visitation, avec d'immenses jardins ; un Orphelinat, un Asile, une Ecole primaire, un vieux Collége communal, vivant non sans mérite à l'ombre du géant qui cherche à l'écraser, et où nous allons quelquefois, voici pourquoi : — Un jour que les élèves allaient à la promenade, Thérésa crut apercevoir au milieu de leurs rangs une figure qui ne lui était point inconnue. Nous les suivîmes longtemps de nos regards et nous attendîmes leur retour. Thérésa ne s'était pas trompée : elle avait remarqué un jeune enfant ressemblant parfaitement à notre Gaston. Il avait sa taille, son âge, le même costume, les mêmes cheveux blonds et bouclés, sa figure blanche comme la cire, son regard doux et sympathique. Quand il passa près de nous, Thérésa me dit : Maman, c'est Gaston ! A ce nom l'enfant s'arrêta en nous regardant ; les autres élèves lui dirent : Gaston, ta maman et ta sœur ! Mais déjà Thérésa, émue jusqu'aux larmes, serrait la main de l'enfant tout étonné, le couvrait de baisers et me disait : Maman ! embrasse Gaston. (Il s'appelait aussi Gaston.) Nous lui promîmes d'aller le voir au Collége, et il courut reprendre sa place. Le lendemain nous allâmes voir M. le Directeur qui nous reçut avec bonté ; il comprit notre douleur et notre joie, fit appeler Gaston, nous permit d'aller le voir souvent et de le prendre les jours de sortie. Depuis, nous usons et abusons peut-être de cette permission, mais toujours, du moins à ce qu'il paraît, au grand plaisir de tout le monde.

Maintenant me gronderas-tu encore de te laisser ignorer les monuments et les musées de la ville? Tout cela est bon pour les ciels gris du Nord. Quel plus beau monument qu'un sol vaste et fécond, un climat doux, un ciel serein? Quel plus beau musée qu'un champ toujours vert et fleuri, où tous les êtres animés peuvent errer en toute liberté sans avoir à craindre les surprises des vents et les fureurs des tempêtes ! ! Quel plus beau théâtre qu'un vaste bassin autour duquel s'échelonnent de vertes collines couvertes d'oliviers, de vignes, d'orangers, de jasmins et de rosiers, où les laboureurs, les jeunes filles, les pâtres et les chasseurs s'agitent et se promènent; où le chant des oiseaux se mêle au murmure plaintif de la brise, où le rayon de soleil se joue avec la feuille tremblante des arbres. Quels acteurs ! la mer, les vents, les nuages, le torrent qui mugit, le cheval qui bondit, l'insecte qui bruit, la fleur qui se cache, le gazon qui tremble, le grand chêne qui étend ses bras pour vous protéger et vous couvrir de son ombre... Peut-on voir dans les villes quelque chose de plus beau, peut-on éprouver des émotions plus douces et plus sensibles ?

LA FÊTE-DIEU.

Mon cher Jules,

Hier c'était la Fête du Saint-Sacrement, la fête des enfants et la fête des fleurs. Toute la ville était sur pied ; comme toujours, les cloches sonnaient à toutes volées : partout on tressait des couronnes, on suspendait des tentures ; partout on élevait des échafaudages, des autels, des massifs de mousse, de verdure, de fleurs, pour recevoir le Dieu du ciel qui allait passer au milieu de son peuple. Procession interminable : depuis la jeune fille

jusqu'à la femme tremblante et courbée
par l'âge, depuis l'enfant couronné de
fleurs jusqu'au vieillard couronné de cheveux blancs, tout le monde était là. Les
uns marchaient à la suite des autres, pendant que les malades et les curieux pla-
cés aux fenêtres faisaient pleuvoir sur la
voie une vraie pluie de fleurs. Partout le
sol en était jonché à plusieurs centimètres
d'épaisseur, et le pied lent avait encore
peur de glisser sur cet immense tapis
parfumé, mobile, plus varié que les couleurs de l'arc-en-ciel. De nombreux jeunes
gens vêtus d'aubes brodées balançaient
les encensoirs d'argent, pendant que de
tout petits enfants habillés en chérubins
portaient l'encens et effeuillaient des
fleurs. Les élèves de l'Ecole des Frères
agitaient dans les airs leur petite ban-
nière, la musique mêlait ses sons graves

et solennels aux voix mélodieuses qui
chantaient des cantiques. A l'arrivée du
Saint-Sacrement, tout le monde tombait
à genoux et priait. Qu'il est beau de voir
une foule immense à genoux et prier
pendant que Dieu la bénit! Bien des gens
que l'on aurait crus tantôt indifférents et
impies étaient là prosternés. C'est en ces
jours que l'on voit le bon naturel et la
foi de ces gens du Midi, qui poussent
toujours tout à l'extrême. La voix mâle
des hommes se mêle au son criard des
clairons; les vagissements des enfants,
les larmes et les soupirs des pauvres, les
remords des pécheurs, les tressaillements
de toutes les âmes, les voix cachées de
la nature forment un concert d'harmonies
que la douce brise emporte vers le ciel.
On sent autour de soi quelque chose de
mystérieux qui vous pénètre, des anges

invisibles accompagnent sans doute aussi le Dieu puissant qui laisse son trône pour aller bénir son peuple prosterné au pied des autels. Dans une grande ville on peut voir plus de monde, mais il est difficile de rencontrer plus d'empressement, de piété, plus de fleurs surtout. Le soir, quand on dépouille les autels, chacun emporte un bouquet bénit, les enfants retournent dans leur maison avec des lis à la main. Il y a des autels qui sont complétement garnis de ces fleurs, symbole d'innocence et de royauté. Aussi, que penser de ces botanistes affirmant que les lis blancs ne poussent que dans les jardins!! Ou ils se trompent, ou il faut avouer que la campagne de Grasse est une immense serre, puisque tous les champs sont entourés et ornés de longues rangées de ces gardes inoffensifs et purs. Où les lis se

plaisent et croissent naturellement, je te
laisse à penser si le sol est fécond et em-
baumé, et si ceux qui l'habitent sont
heureux!!!

LES ILES DE LÉRINS.

1ᵉʳ Juillet.

Je me demande encore si tout ce que
j'ai vu n'est pas un songe, cependant je
ne dors pas ; il est bientôt minuit, mais
tout le monde est encore levé : la villa,
le jardin, le parc sont encore éclairés à
jour ; la lune blanchit la mer qui soupire
et gémit en bas sous ma fenêtre : Thérésa
est encore là, comme pétrifiée, sur un
balcon doré, regardant les nuages, les
Iles ; semblant écouter une voix qu'elle
n'entend pas. La famille de Kérisonet vient

de quitter ma chambre, après m'avoir donné le baiser du soir : heureuse famille ! beauté, richesse, tendresse de cœur, piété, intelligence, amour, rien ne lui manque ; une mère telle que Agnès ne pouvait avoir que de charmants enfants.

Ce matin, au lever du soleil, nous sommes parties pour les Iles : tout était gai, les enfants riaient, chantaient, le vent et la mer dormaient encore ; des baigneurs égarés sur le rivage nous saluaient ; sur la route, des cavaliers semblaient venir nous suivre ; au loin, le *train* sortait des entrailles profondes des rocs noirs et des forêts impénétrables des Maures, agitant partout sa blanche crinière, se glissant comme un serpent dans la plaine, au milieu des maisons, dans les bois d'oranger, côtoyant la mer, passant comme un météore. La rame agitait en vain les flots toujours assoupis... Enfin la brise enfla la voile. Tout à coup une barque qui nous suivait à distance glisse à côté de nous comme un cygne ; elle portait deux jeunes filles qui ramaient elles-mêmes, on dit que c'étaient les nymphes qui allaient voir Bazaine aux barreaux de sa prison ; elles nous saluèrent gracieusement et disparurent. Bientôt notre barque s'enfonça dans une anse formée par des rochers aigus, et nous débarquâmes sur ce sol béni, foulé aujourd'hui par tant de profanes. On éprouve en arrivant à terre une sensation de bonheur que l'on ne peut analyser : il semble que l'on mette le pied sur un sol étranger, que l'on respire un air venu de l'Orient. On voit à l'ombre de hauts pins des pêcheurs qui dorment, des hamacs suspendus balancés par le vent, des enfants qui arrangent des filets. Au loin c'est la voix de la cloche qui appelle les religieux à l'office ; nous avons entendu leur chant pieux et grave ; nous les avons vus vêtus de blanc comme les Arabes errer sur ce sol aride ; nous avons bu au puits miraculeux ; nous sommes montées sur la tour qui protége l'Ile, et nous avons prié à l'endroit où cinq cents religieux furent en un jour mis à mort par une bande de pirates. Puis nous avons pris notre repas, assises à l'ombre des pins : une brise chaude se faisait sentir : à nos pieds la mer, comme une esclave obéissante, nous charmait de ses harmonies inimitables ; en face de nous, Cannes étalait à l'envi sur son verdoyant rivage ses villas aux formes fantastiques ; plus loin, Grasse tranquille et insouciante semblait reposer en paix ; au fond, une immense chaîne de hautes

montagnes fermait l'horizon. Quand nos
yeux fatigués voulaient se reposer un instant, ils s'arrêtaient sur Thérésa, sur
Agnès, sur Edmond, sur Eva, les plus
charmantes créatures que le bon Dieu ait
faites. Une seule chose manquait à ce
ravissant tableau : tu m'as compris, n'est-
ce pas ? Si tu avais été là, nous aurions
passé une journée comme on doit en
passer au ciel.

On nous a dit qu'un homme ayant oc-
cupé dans le monde une position très-
élevée, était venu passer comme nous
une journée aux Iles, et que charmé de
la beauté de ce site, il s'était fait religieux. Volontiers moi aussi je fusse restée là à regarder ces horizons toujours
changeants et toujours beaux, à respirer
cette atmosphère religieuse et orientale,
si je t'avais eu à mes côtés et si Thérésa

eût voulu rester avec nous. Le soir il était presque nuit quand nous sommes reparties, après avoir visité l'île Sainte-Marguerite, le fort, la prison du Masque de Fer ; la mer et la brise dormaient déjà, on n'entendait de temps en temps qu'un long soupir des flots expirant sur les rochers. Alors notre vieux marin nous chanta ce qu'il appelait sa romance ; il était transformé. Debout, appuyé sur le gouvernail, les jambes et les bras nus, la tête et la poitrine découvertes, le regard sévère, le geste menaçant, il chantait : tous nous répétions le refrain : Edmond ramait. Eva charma ensuite le reste du trajet. Quelques instants après nous entrions dans la villa. Je n'ai pas voulu m'endormir avant de t'avoir fait part de mon bonheur, et de t'avoir répété que sans toi nulle joie n'est complète ; Thérésa pense de même : elle va s'endormir, mais elle a encore la force de me donner deux baisers, un pour moi et un pour toi, auquel j'ajoute une bonne embrassade.

DEUX SOUVENIRS.

Lé 13 Juillet.

Je te remercie, mon cher Jules, des vœux que tu fais pour moi et du cadeau que tu as bien voulu m'envoyer pour souvenir de ma fête. Heureusement que tu as pensé aussi à Thérésa, sans quoi tu n'étais plus son amie, une Jardinière et *Jésus-Christ dans les siècles*, l'agréable et l'utile, voilà qui est bien pensé. Une jardinière dans le pays des fleurs, où les géraniums font litière, où les jasmins, les œillets et les roses poussent partout sous vos pieds, mais où prends-tu ces bonnes idées? Je croirais que quelqu'un te les inspire si je ne connaissais ton âme poétique. Nous ne savions où mettre un rosier moussu, qui a parfaitement trouvé là sa place. Mais sais-tu ce que c'est qu'une rose moussue? C'est une rose comme une autre, d'un rouge plus éclatant, aux feuilles d'un vert plus foncé, ayant les tiges et les épines recouvertes d'un duvet vert de mousse. Voilà pour moi!! Thérésa joyeuse et souriante regarde les belles chromo-lithographies, en attendant de pouvoir lire l'ouvrage. Aussitôt après mon lever elle est venue m'offrir un magnifique bouquet, et pour tout compliment m'a fait deux bonnes caresses qui me sont allées au cœur, puis nous sommes allées assister à une messe que l'on a dite pour moi; nous avons prié pour toi, pour toutes nos amies qui m'ont fait parvenir leurs vœux, et pour cette bonne mademoiselle de Tracy que nous aimons tant. Quelle nouvelle ! elle se meurt, nous dis-tu dans ta dernière lettre, les médecins viennent de prononcer le mot fatal : *Allez dans le Midi*, comme on disait sous la Terreur : *Allez à la Conciergerie*. On voit bien que ces Messieurs, tout docteurs qu'ils sont, ne connaissent pas la Provence : ils ne peuvent ignorer cependant qu'on conserve dans le Midi des plantes qui dépériraient dans le Nord, et qu'il en est de même des personnes. Prie M. Rive d'envoyer sa malade à Grasse, et bientôt il saura me dire si l'on ne revient plus de ce pays. Je connais Hyères, Cannes, Nice, Menton, mais nulle part notre amie ne sera mieux qu'ici. Que ne disait-on pas de

nous quand on nous a vues partir? Et ces
larmes brûlantes qui tombaient des yeux
de nos amies sur les joues froides et pâles
de Thérésa qui ne pensait pas et, avec
raison, ne voulait pas mourir encore; cet
adieu que l'on prononçait comme lors-
qu'on n'espère plus se revoir ici-bas, et
ces bons parents qui nous ont accompa-
gnées à la gare comme on suit un cer-
cueil!! tout cela me paraît maintenant un
rêve. On meurt dans le Midi comme dans
le Nord; mais il y a dans le Nord des
poitrines débiles qui pour vivre ont besoin, comme les vieillards, d'un soleil
plus chaud, d'une atmosphère plus douce.
Dis tout cela de notre part à Mlle de Tracy,
et fais savoir à M. le Docteur que Grasse
et Cannes sont bien en France, et non
en Italie; que nous n'avons nullement à
craindre ici les exhalaisons de marais

imaginaires, et qu'au lieu de rencontrer dans les rues, comme à Nice et à Menton, des figures italiennes qui ne lui plaisent pas, on voit partout des regards sympathiques et des personnes réservées, mais heureuses de vous être agréables.

MŒURS ET COUTUMES.

MON CHER JULES,

Ne pouvant t'expliquer mon enthousiasme pour Grasse, tu voudrais, mon cher ami, descendre jusqu'au plus intime de mon cœur et tu me demandes indirectement des renseignements sur les mœurs et les coutumes du pays. Je m'aperçois que tu aurais fait un bon père débrouilleur... Je ne voulais pas te dire du mal du prochain ; mais puisque tu me l'ordonnes et me le pardonnes en même temps, je vais t'obéir.

On mène à Grasse la vie du village, on reste chez soi : la maison, quelques amies de cœur, l'église suffisent à la femme honnête. Celle-ci, d'ailleurs, s'occupe aussi plus ou moins directement de commerce, et ses heures libres passent bien vite : son mari vit dans les usines, voyage, passe les nuits dans les Cercles, parlant toujours d'affaires, quelquefois de politique, rarement de littérature ou de poésie. Nulle part des réunions, des soirées, des bals ; les promenades sont désertes, la femme est presque toujours seule, les enfants allant aux écoles ; aussi elle n'est heureuse qu'au moment où elle se trouve dans le temple du Seigneur. Là elle voit ses semblables, elle sent des cœurs amis qui battent à côté du sien. Son âme suivant un orateur souvent éloquent, s'élève un instant au-dessus de la matière, se débarrasse des préoccupations de la terre, et puise dans les enseignements de la religion et le cœur du divin Maître de quoi maîtriser ses passions et de quoi se distraire saintement pendant les heures de solitude, de délaissement et de souffrance. Les hommes ne semblent vivre que pour leur commerce ; ils escomptent le gain de toutes leurs actions, calculent toujours même dans leurs plaisirs, sont par nature froids comme les chiffres, et par métier... Mais voilà que j'oublie que toi aussi tu es commerçant, mais non sans doute à la façon de ce pays, puisque tu m'aimes beaucoup et que tu as toujours aimé plus que ton commerce la religion, la poésie, les belles-lettres, et tout ce qui est beau. Je disais que les Grassois comptent tout, oui, tout, excepté leurs paroles : quel défilé de mots, quelle verve, et souvent quel esprit ! Devant un Grassois le Marseillais même s'efface. Mais quel langage, plutôt quel jargon ! quelquefois on ne se croirait pas en France ; tout le monde parle ce vilain patois, on rougit d'entendre les premiers personnages du pays parler de la sorte entre eux. On est heureux de voir une Dame jeune, belle, vêtue de velours et de soie, et quand on l'entend parler on s'éloigne avec un certain mécompte. Peu de jeunes gens, peu de jeunes filles ont cet amour du beau qui élève un peuple au-dessus d'un autre peuple. Les familles anciennes ont disparu, et sur les débris de leurs châteaux sont venus s'asseoir des hommes d'hier, sans passé, sans histoire, sans blason, sans opinion politique, ni même religieuse. Aucun homme marquant ne dirigeant cette société sans tête, il n'est pas étonnant que les nouvelles générations soient dévoyées. Un simple ouvrier d'ailleurs, pouvant en quelques années acquérir une fortune colossale, refuse d'obéir à un ouvrier comme lui, et les influences étant divisées, rien de sérieux ne peut être entrepris. On vit comme au village, esclave du passé, se méfiant de son voisin, faisant ses affaires et ne cherchant en tout et partout que ses intérêts.

Diras-tu encore que j'ai du parti-pris sur Grasse? Ne vois-tu pas que je suis franche, en parlant des êtres animés comme des êtres inanimés? En ce monde rien n'est parfait; il faut des ombres au tableau, le mal marche à côté du bien; les défauts n'enlèvent rien aux qualités.

Regarde l'Italie, Naples : quel ciel, quelle mer, quels rivages ! ! ! et puis

quels hommes, quelle misère, quelle pau-
vreté!!!... Ici on est loin de cela, et s'il
y a encore à faire pour que Grasse soit
une ville, on a tous les éléments pour
réunir le meilleur peuple sous le plus
charmant climat.

LE PRÉSENT ET L'AVENIR.

Le 1ᵉʳ Août.

Pluie et boue, temps lourd et ennuyeux ; Thérésa rêve, chante et poétise : mais moi, que ferai-je, sinon penser à toi, t'écrire, te dire que je t'aime, et que l'absence est un bien dur tourment pour des âmes faites pour vivre ensemble ! Ni Virgile, ni Fénelon, ni Milton, n'ont placé aux Enfers, je crois, la furie de l'absence, et cependant que ne fait-elle pas souffrir ? On a besoin d'un ami, comme du pain qu'on mange, et plus on approche de l'objet désiré, plus cet objet s'éloigne ; le tourment de Tantale qui voit sans cesse fuir de ses lèvres l'eau qui s'en approche sans cesse, n'est rien à côté du tourment de l'absence. Parfois je te parle, croyant que tu es à mes côtés, mais je regarde et je ne vois rien. On pense partir, on pense se revoir, et l'absence fait naître sous nos pas de nouveaux retards, de nouveaux obstacles. On arrive, on entre, l'absence est encore là. Sur le point d'être vaincue, elle a appelé à son secours la mort, sa sœur, et voilà de nouvelles luttes à livrer, une éternité à franchir pour se revoir. Cruelle absence, tu es presque aussi cruelle que ta sœur qui m'a ravi Gaston, puisque tu ravis à un époux son épouse et son enfant!... Le temps est lourd et triste ; mais ne suis-je pas plus triste que lui ? Le tonnerre gronde, la pluie

tombe par torrents, le ciel est en feu ;
le vent désespère les arbres, les plie, les
replie, les fait gémir ; il semble vouloir
déraciner la maison, enfoncer les fenêtres ; je vais allumer deux cierges bénits
et prier.....

L'orage est passé. Dieu! qu'il n'ait pas
trop fait souffrir les gens, la campagne et
les oiseaux!! Les fleurs sont mutilées,
elles s'étendent comme mortes sur le sol.
Pour sortir il faut attendre que soleil pa-
raisse, mais il est rare qu'il reste caché
tout un jour ; c'est très-heureux, car ici
il n'y a pas de voitures sur les places pu-
bliques, et ces places elles-mêmes sont
rares et étroites : les boulevards sont
montants, rapides et mal aisés ; les trot-
toirs ne servent que la nuit pour faire
promener les souris et les chats. On voit
quelque part un échantillon de Jardin

public , plus loin un semblant d'allés de palmiers , des rues dans lesquelles on n'ose s'engager avant d'avoir fait le signe de la croix... Mais je m'arrête, aujourd'hui je suis portée à médire et je pourrais te donner une mauvaise idée d'un peuple qui manie l'or comme le cantonnier les pierres du chemin , qui vit dans des maisons généralement étroites et peu aérées; qui a peur d'abattre un pan de muraille noirci par le temps, ébranlé par les siècles, et qui élève des maisons jusqu'au ciel pour vivre dans les caves avec son or, ses huiles, ses parfums et son commerce. A la peine nuit et jour, il sait qu'on ne bat pas monnaie sans frapper sur l'enclume : patient, actif, intelligent , ouvrier avec les ouvriers , poli et avenant avec les Etrangers , ce peuple sait mener une entreprise à bonne fin : il sait travailler et faire apprécier son travail, mais il ignore que le repos doit succéder à la fatigue, le plaisir à la peine; qu'il faut savoir répandre largement d'une main les trésors que Dieu fait couler avec abondance dans l'autre ; que pour le riche le luxe, le confortable et les largesses ne sont pas des prodigalités.

Avec des eaux limpides, un soleil toujours brillant, une terre grasse et féconde, on pourrait avoir des forêts de cèdres, de thuyas, de sapins, de palmiers; de magnifiques promenades, des ombrages touffus, des jets d'eau, des cascades, des fleurs et de la verdure partout. Il est vrai qu'on a un peu de tout cela, et que près de la belle exposition du Cours l'on peut voir une serre, un bassin où un cygne a peine à se mouvoir, un jet d'eau jaillissant sans grâce, des palmiers rares et jeunes, des massifs de rosiers et de genêts. Quand donc Grasse se décidera-t-elle à faire quelques sacrifices pour les habitants et les Etrangers ? Quand trouvera-t-elle un homme capable de la secouer et de délier sa bourse ; un homme qui sache abattre et élever, qui sache commander et se faire obéir, prêt à sacrifier son temps et sa fortune pour son pays. Cannes a eu cet homme, Grasse aurait pu l'avoir et elle l'attend encore : mais les générations actuelles sont-elles capables de produire quelque chose ? Dieu le fasse ! ! !

NOTRE-DAME-DE-VAUCLUSE.

Le 16 Août.

Grasse, comme Hyères, comme Marseille, comme Lyon, possède un sanctuaire consacré à la Vierge. On y accourt de tous les points de l'arrondissement, et les âmes éprouvées par le malheur sont sûres de trouver aux pieds de Notre-Dame-de-Vaucluse la résignation et l'espérance. Ce sanctuaire, ainsi que le dit son nom, est situé au fond d'une vallée : le 15 août, tout Grasse se rend là. Au lever du soleil, les cloches donnent le signal du départ, la procession se forme, les lignes s'allongent ; derrière viennent les voitures, les omnibus. Après quatre kilomètres, on commence à descendre rapidement ; on coupe en zig-zag un bois de pins ; à vos pieds est la chapelle. C'est là qu'ont vécu jadis de saints religieux ; c'est là que toutes les générations ont apporté à Marie l'hommage de leur amour. On se presse dans une vaste nef froide et humide ; on regarde avec étonnement le grand nombre d'*Ex-voto* appendus aux murailles : on prie et on sent que la prière doit être exaucée. Nous avons prié pour toi, pour la France et pour nos amis. A côté de nous une jeune femme priait aussi ; d'une main elle tenait son enfant, de l'autre un petit tableau. C'était une paysanne du quartier ; elle avait son ange malade, et pendant une nuit d'orage noire et sombre il rendit le dernier soupir, elle le prend dans ses bras, descend les pentes rapides de la forêt, frappe à la porte de l'ermite et va déposer son enfant sur les degrés froids de l'autel. Là, elle pria, supplia, s'arracha les cheveux, demanda à la Vierge son enfant, et le matin, au lever du jour, l'enfant sourit à sa mère et agita ses bras. Marie, la plus tendre des mères, avait été touchée de la prière de cette infortunée et l'avait exaucée. Je pensais à Gaston : si j'avais eu la foi de cette femme, peut-être il ne serait pas mort...

Nous sommes allées ensuite entendre murmurer le ruisseau qui se perd sous l'ombrage touffu des noisetiers ; nous avons déjeuné, comme tout le monde, sur le vert gazon ; puis, nous glissant au milieu des bruyères, nous avons gravi le coteau pour respirer la tiède senteur des pins et entendre de loin les chants dont retentissait la vallée. Les voix des hommes et des jeunes filles se mêlaient aux voix de la nature, au chant de la cigale immobile, au gazouillement du ruisseau, aux mélodies des oiseaux sautillant dans l'ombre, aux charmes des nuages qui passaient sur nos têtes, et sans doute aussi aux sourires des anges invisibles, heureux d'assister, en ce jour de fête au ciel, à une fête de la terre... En redescendant la colline par les pentes du midi, nous avons traversé une forêt de chênes-liéges. Je n'avais jamais vu aucun de ces pauvres arbres, qu'on écorche vivants, qu'on laisse grandir et vieillir pour leur enlever la peau, comme on enlève la laine aux brebis. Qu'ils étaient tristes! ! les uns vous mon-

traient leur jambe rouge et pour ainsi
dire encore saignante, et semblaient tendre vers le ciel leurs bras blancs et vigoureux ; les autres, au contraire, semblaient s'être écorchés en luttant entre
eux ou contre les vents et la tempête, et
leur tronc épais et couvert de mousse
plongeait dans la terre. Au bas, dans la
plaine, séparé en deux parties par un
torrent, s'étend un village (Pégomas),
possédant un antique château sans seigneur, une église solitaire, un sol fertile.
Au bout de la vallée, sur les bords de la
Siagne, au milieu de deux collines noires, se dresse au haut d'un mamelon
pointu un autre village entouré d'eau et
de verdure, aux maisons blanches, au
clocher élevé, à l'aspect gracieux et im-
posant, souriant et sévère, et méritant
bien le nom qu'il porte (Auribeau).

Le soir nous revînmes contentes de cette journée de plaisir et de prière, portant dans notre cœur un pieux souvenir de plus, et dans notre imagination la vue d'un site des plus pittoresques.

LA GROTTE DE MONS.

MON CHER JULES,

Hier nous avons fait, je ne dirai pas
une promenade, mais une longue, longue
course en voiture, à pied, la nuit, le jour,
par monts et par vaux. Au soleil levant
nous avions parcouru douze kilomètres et
nous nous trouvions au nord-ouest de
Grasse, dans un gros village nommé Saint-
Césaire : joli bourg, régulièrement bâti,
rues droites et en plaine, vue splendide
du cours de la Siagne, des plaines com-
plantées de vigne de Fayence, de Mon-

tauroux, de Callian, et des sommets boisés de l'Estérel. Deux heures après, nous étions sur les bords de la Siagne, attendant que le garde de Mons, autre village égaré sur la montagne, vînt nous ouvrir la porte de la grotte. Nous avons pu voir la prise d'eau du canal de Cannes, la grotte de Saint-Césaire, d'où jaillit en bouillonnant une immense source, et le pont solitaire jeté au fond de la vallée pour unir les deux rives de la Siagne ; de là, les yeux effrayés cherchent en vain une issue et n'aperçoivent que des rochers menaçants, des cailloux entassés et mouvants, et sur le flanc de la montagne quelques chênes blanchis par les siècles et frappés par la foudre. Rien ne vous fait connaître l'entrée de la grotte : elle est située sur la rive droite de la rivière, à quelques mètres au-dessus du

niveau du pont. D'autres curieux s'é-
taient joints à nous, et quand le garde
nous eut comptés, nous entrâmes armés
de torches et de bougies. Après quelques
minutes de marche il fallut, pour ainsi
dire, ramper comme des serpents, glissant les uns après les autres dans les
fentes des rocs humides. On arrive ensuite dans une immense salle, aussi haute
que large, soutenue par des milliers de
colonnes luisantes comme du cristal et
entrelacées les unes aux autres comme
des branches de lierre. Là, c'est une
statue représentant un guerrier ; ici, une
femme tenant dans ses bras un enfant ;
plus loin, c'est une colonne tombée qui
ressemble à un cadavre ; partout le sol
inégal est coupé par d'épaisses nervures
qui, prenant la forme de serpents, vont
s'unir aux colonnes et se perdre dans la

nuit. Sur ce fond fantastique, à la clarté des feux variés du Bengale, on voyait les visiteurs se mouvoir et s'étonner. Thérésa se collait pour ainsi dire à moi, elle tremblait et de peur et de froid. Nous avons visité ainsi plusieurs salles, rencontrant partout quelque chose de nouveau : dans l'une c'est une source qui tombe goutte à goutte du haut des rochers et qui depuis plusieurs siècles travaille à former une coquille, une colonne ou une stalactite ; dans l'autre c'est une mare d'eau ou plusieurs visiteurs ont, dit-on, perdu la vie. Après avoir longtemps tourné dans ces dédales, après avoir donné de la tête contre mille rochers ; marchant dans les ténèbres, heurtant toutes les pierres, se laissant glisser sur un sol décharné et humide de peur de se blesser, nous arrivons tous sains et

saufs à l'entrée de la grotte éclairée par
le soleil du matin*.

Nous avons passé la journée sur les
bords de la rivière, nous arrêtant sous
tous les ombrages, écoutant les plaintes
des flots brisés qui s'en allaient à regret
vers la mer, prenant de petits poissons,
achetant des truites magnifiques, admirant
mille sites enchanteurs. Le soir nous
avons laissé sur notre route plusieurs villages : les uns perdus dans des forêts de
pins (le Tignet), les autres dans des forêts d'oliviers (Espéracide), celui-ci
assis sur un roc élevé, comme un aigle
fatigué (Cabris), celui-là rampant dans la
plaine comme un serpent (Peiménade),
barrant la route et montrant avec orgueil

* Les personnes qui désirent visiter cette Grotte
sont priées d'informer le Garde communal de Mons
du jour de leur arrivée.

à ceux qui passent sa place de Saint-Marc.
Il était temps de rentrer, la nuit venait
nous dire que la journée était finie, qu'il
fallait donner un moment de repos à nos
yeux fatigués de voir, et à nos pieds
meurtris par les cailloux.

LES BORDS DU LOUP.

Le 1ᵉʳ Septembre.

A dix kilomètres N.-E. de Grasse se trouve un site des plus pittoresques et des plus émouvants, un site comme on en trouve en Suisse. On part de Grasse en suivant une route large et unie, adossée sur le flanc de la montagne, ombragée d'oliviers de tous côtés. A gauche c'est la colline qui s'élève d'échelon en échelon et qui bientôt se change en montagne ; à droite ce sont des mamelons qui s'étendent et s'inclinent vers la mer. Des villages par-

pour élever et nourrir ses enfants, et on n'y rencontre pas comme dans les grandes villes ces hommes bons à tout, propres à rien, ces êtres déclassés et nomades, la lie de toutes les nations. Le commerce qui s'agrandit et s'étend de plus en plus, prouve l'activité de ce peuple, et sa tranquillité prouve son bon esprit.

LA CAMPAGNE DE GRASSE.

Mon cher Jules,

Je vais aujourd'hui essayer de te décrire cette campagne de Grasse si belle, si riante, ou plutôt cet immense jardin ouvert librement à tout le monde. On est à la fois à la ville et aux champs, et pour aller respirer l'air pur, on n'est pas obligé de longer ces avenues interminables, où les roues des chars vous jettent à la figure tantôt une boue dégoûtante et liquide, tantôt des tourbillons de poussière. On ne voit d'aucun côté des murs lézardés depuis des siècles, pendant la belle saison, tous les Dimanches, de nombreux pèlerins viennent de vingt lieues à la ronde honorer dans ce lieu désert ce Saint populaire. Ils passent la nuit dans les chants et la prière, mêlant leur voix à la voix mugissante du Loup, reposant sur la pierre dure, n'ayant pas même un arbre pour abri, trempant leur pain dans l'eau de la source miraculeuse, ne jetant un regard sur les beautés du site que pour frémir d'horreur, et retournant heureux dans leurs foyers. Après un instant de repos et une courte prière, après avoir causé avec ces braves gens, hommes, jeunes filles, enfants pleins de force et de foi, nous continuâmes notre ascension. Nous repassâmes plus haut le torrent sur une poutre branlante et vermoulue, et quelques instants après notre guide s'arrête, nous disant : *c'est par ici qu'il faut monter ;* et il nous montre un roc immense s'élevant en droite ligne sur nos têtes, des trous faits par la main des hommes pour y placer le pied, des chevilles de bois enfoncées çà et là, au fond le Loup mugissant et affamé. Nous grimpons non sans peine, sans regarder derrière nous, parlant pour ne pas trembler, nous touchant pour ne pas glisser, et nous arrivons sur un plateau arrosé par une haute cascade. Nous prîmes là notre repas, en face de ces rochers symétriquement découpés, au bruit de mille ruisseaux tombant de tous les rocs, fières et heureuses d'être arrivées au terme de cette ascension. Au-dessus de nous était le village de Courmes, plus loin une chaîne de montagnes infranchissables. N'osant redescendre par le même

chemin, nous sommes revenues par Gour-
don, dont nous avons visité l'église et
le château qui appartient à la famille de
Villeneuve; de là nous sommes descendues
au Bar par un chemin de serpent, et
la voiture nous a ramenées à Grasse fati-
guées, mais satisfaites d'avoir vu en quelques heures des sites qui ne seraient pas
déplacés dans la Suisse ou les Pyrénées.

St-VALLIER. TORENC. St-AUBAN.

25 Septembre.

Nous voilà de retour de notre excursion sur les montagnes de Grasse : ne t'avions-nous pas dit que tu serais privé de nos nouvelles pendant quelques jours ? Nous ne sommes point malades, et nous avons achevé heureusement notre voyage. nos souliers seuls sont restés en chemin et nos pieds en sont quittes pour quelques blessures. Nous avons fait une halte à Saint-Vallier, à dix kilomètres nord-ouest de Grasse, pour saluer notre amie, Noélie de Bellerive, et faire connaissance avec la colonie étrangère qui vient passer l'été dans ce village. Nous avons vu les noyers à l'ombre desquels on vit à Saint-Vallier ; nous avons déjeuné sur le Pont-à-Dieu, pont jeté par la nature pour unir deux collines escarpées ; nous avons respiré un air plus vif qu'à Grasse, pour nous habituer par degrés au climat plus frais encore de Torenc. Un grand château isolé, flanqué de vieilles tours, au milieu d'une immense forêt de sapins gigantesques et de chênes séculaires, où le vent souffle toujours et où la chaleur est inconnue, voilà Torenc, voilà où nous avons retrouvé Emile du Boisset. Là, nous avons pu jouir de la fraîcheur du climat, mais non de la présence de notre ami. A l'aurore il était sur pied, sifflait ses chiens, nettoyait ses armes et partait,

Il déjeunait tantôt au fond d'un ravin, tantôt au milieu des rochers encaissés, n'ayant pour se rafraîchir que la mare d'eau jaunâtre que son chien avait trouvée. Le soir, quand la nuit commençait à être profonde, et quand on ne l'attendait plus, Taillot arrivait boiteux, essoufflé, nous léchait la main, tombait près de la porte et ne se relevait pas même pour manger. Son maître n'était pas moins fatigué ; il ne gardait un peu de contenance qu'à table ; puis, malgré tous ses efforts pour être aimable et gentil, malgré les cigarettes qu'il faisait succéder l'une à l'autre, ses paupières s'appesantissaient, le sommeil avait le dessus. Le lendemain, avec le jour recommençaient les mêmes fatigues. Nous aussi nous reprenions nos excursions dans les bois et sur les collines gazonnées, courant

après les papillons et cherchant des fleurs
qui n'ont ni beauté ni senteur, et que
Thérésa irait ramasser au bout du monde.
Un jour elle a failli me faire mourir de
peur : ne pouvant atteindre un saxifrage
qui pendait du haut d'un rocher, elle
grimpe, s'élance, reste suspendue à la
plante, retombe et roule avec la fleur et
le rocher : je n'étais point là, je ne l'a-
vais pas *vue* ; mais elle n'a pu me ca-
cher ses blessures en me montrant sa
conquête, et malgré tout elle était fière
comme un soldat qui revient du combat
blessé mais victorieux. Le même soir,
Emile revint aussi meurtri, ensanglanté ;
il avait roulé, avec son chien et un magnifique renard qu'il a apporté, dans un
précipice où ils ont failli rester.

Emile nous a conduites un jour à l'é-
cluse de Saint-Auban, où l'on peut ar-

river par des chemins passables , après avoir traversé plusieurs villages insigni-fiants. Figure-toi une haute montagne, coupée au milieu presque perpendiculai-rement, à une très-grande profondeur, par un torrent mugissant : une route étroite, humide et souvent glacée se pré-cipite presque en droite ligne de haut en bas , vous montrant d'un côté un abîme , de l'autre des rochers prêts à se détacher. La mort sous vos pieds, l'horreur sur vos têtes , des croix plantées çà et là , un bruit qui vous étourdit , des charrettes qui semblent avoir roulé en bas , des voi-tures qui s'arrêtent au sommet comme pour prendre leur essor , le roulement d'un rocher qui tombe, les cris des aigles et des oiseaux de proie qui sont là sui-vant leurs victimes... tout vient vous gla-cer d'effroi; et croirais-tu que des milliers de montagnards , hommes et femmes , passent là sur des chars, à cheval, à *pied*, quand la neige tombe, quand les vents soufflent, quand la nuit est noire. Ils passent là où les loups n'osent passer et où nous ne serions jamais allées nous-mêmes si Emile n'eût été avec nous. C'est aussi avec lui que nous sommes allées aux sources du Loup, sur les cimes du Cheiron, et que nous avons escaladé les échelles d'Aiglun, escalier naturel taillé dans la pierre, vous conduisant au haut d'une colline au pied de laquelle gronde l'Estéron. En somme bon air, rochers, torrents, précipices, santé, distractions et charmante société, voilà ce que nous avons trouvé à la montagne. Emile viendra, j'espère, passer quelques jours avec nous à Grasse ; alors il aura plus de temps pour nous parler de toi et de notre Normandie : c'est un de nos meilleurs amis, il t'aime beaucoup et il m'a priée de te le dire.

LE POSTE A FEU ET LA CASCADE.

—

Le 15 Octobre.

Vent et pluie, matinées fraîches, grands nuages étendus sur la montagne; est-ce l'hiver qui approche? non, voilà encore le soleil. On va voir la Cascade, on revient du poste à feu, vulgairement appelé *Chyle*. Tu ne sais pas, Jules, ce que c'est que la chyle à Grasse; mais d'abord, connais-tu la chasse au chastre de Méry et d'Alexandre Dumas? Eh bien! le chasseur marseillais n'est rien à côté du chyleur de Grasse. Comme à Marseille, tout honnête homme, tout commerçant, tout propriétaire de quatre arpents de terre a une maison de campagne et une chyle. Aussi, tous les jours, à quatre heures du matin, bien qu'il fasse un vent glacial, les rues et les chemins sont encombrés d'hommes armés : les uns vont attendre dans un sombre et froid réduit, ouvert aux vents, couvert de feuillage et appelé *chyle*, qu'une grive fatiguée vienne se reposer sur un cimeau ou une branche sèche, attachée au haut d'un arbre en face d'eux ; d'autres, accablés sous le poids des cages, vont établir dans les bois des postes ambulants. On va à la chyle et par goût et par force, bien que l'on ne tue rien, parce que tout le monde y va ; et parce qu'il faut dans la journée raconter ses exploits de chasse. Au poste on voit tout, bien qu'il fasse

nuit ; souvent on ne décharge pas son ar-
me, et on apporte toujours quelque grive
(on ne dit pas que la même fait plusieurs
fois le voyage), et si la poudre eût été
bonne, si le froid n'eût été si vif, si.....
Comme tu t'amuserais si tu étais ici , toi
qui aimes tant la chasse et qui par cela
même sais si bien mentir ! !

Pour nous, nous allons de nouveau voir
la Cascade , source à quelques minutes
de la ville. A la moindre pluie elle devient
torrent, bondissant de roc en roc, cou-
vrant tout de sa blanche écume. Elle
s'élance comme un dragon ailé du flanc
d'une colline de rochers taillés à pic , au
haut desquels se trouve un plateau où
s'arrêta jadis Napoléon, à son retour de
l'île d'Elbe ; puis elle tombe sur des milliers d'arbustes abrités par des chênes
séculaires, s'avance en grondant, em-

portant quelquefois, écumant toujours, se divisant en petits ruisseaux, disparaissant sous d'épaisses broussailles pour reparaître menaçante au milieu de grands arbres, jetant çà et là mille arcs-en-ciel. Sites frais et charmants, promenades solitaires, grands arbres abritant mille oiseaux, murmure du torrent, tic-tac d'un moulin, rocs en pyramides, là tout vous attire, vous charme et vous porte à rêver. On voudrait entendre de plus la la cloche d'un monastère appelant lentement les moines à la prière ; on voudrait voir encore, dans le creux de ces rochers qui pendent sur vos têtes, quelques religieux à la barbe blanche et au long vêtement, et l'on se croirait dans les antiques solitudes de la Syrie, s'il ne manquait aussi des cèdres et des sapins remplacés par le saule qui pleure et le cyprès qui monte aux cieux. D'ailleurs, à peu de distance de là, les *Petites-Sœurs des Pauvres* ont fondé un Asile de Vieillards, et elles remplacent dignement les religieux du désert. Au lieu d'employer leur temps à tresser des nattes, à transporter sur leur tête des paniers pleins de sable, elles soignent des vieillards abandonnés, pansent leurs plaies, supportent leurs défauts, les aiment comme leur père et les soignent comme leurs enfants. Oh ! que la religion est belle dans ses œuvres, et que ses œuvres sont bien placées à côté des merveilles de la nature ! !

LES CIMETIÈRES.

Grasse, le 2 Novembre.

Depuis hier les cloches ne cessent de sonner ; elles ne chantent point, elles pleurent : pendant la nuit même, alors que tout reposait, elles répandaient dans le cœur des vivants le glas de la mort. C'étaient comme les voix des âmes souffrantes qui venaient demander un souvenir à la terre, et à l'heure où je t'écris, mon cher Jules, le Ciel doit compter quelques anges de plus, ravis par la prière des vivants aux tourments du Purgatoire

Il y a peu de personnes à Grasse qui n'aient fait aujourd'hui leur visite au Gimetière : c'est bien le moins d'aller une fois l'an verser des pleurs et des prières sur la tombe de ceux qui nous furent chers, et d'aller renouveler les fleurs blanchis par la poussière des ossements jetés au vent. Seul tu seras allé pleurer cette année sur la tombe de notre famille, mais nos cœurs t'ont suivi partout. L'année dernière, à pareil jour, nous étions tous réunis sous le vieux saule au pied duquel reposent nos aïeux ; Gaston portait dans ses mains innocentes un bouquet de fleurs : à genoux près de la grille de fer, il priait comme nous, et, étonné de nous voir pleurer, il nous disait de ne plus venir sous le saule, qu'il apporterait les fleurs tout seul. Hélas ! il y est allé tout seul, tout seul ! !

J'ai vu couler bien des larmes aujour-
d'hui ; bien des personnes allaient en répandre et dans l'ancien cimetière, vaste
enclos de terre amoncelée au nord-est
de la ville, et dans le nouveau, situé au
côté opposé, à un kilomètre des premiè-
res maisons. Nous avons visité ces deux
demeures des morts. Dans l'une, où reposent des milliers de générations, l'on
voit partout des tombes et des croix,
quelques cyprès funèbres, une terre que
les murs ne peuvent plus contenir et où
croissent en désordre les mauves sauva-
ges ; — dans l'autre, superbe enclos au
milieu des oliviers, l'on ne voit que quelques tombes encore blanches, quelques
croix encore luisantes, des fosses à demi-
creusées, un fossoyeur qui travaille à se
donner la mort pour enterrer ceux qui
ne sont plus, des vivants qui sortent et

pleurent, et des morts qui entrent pour ne plus sortir... Nos pères gardaient les morts le plus près d'eux possible, et nous, au contraire, nons les éloignons, pour perdre plutôt leur souvenir, pour que leur présence ne trouble pas nos fêtes, et pour ne pas entendre leurs soupirs et peut-être leurs reproches.

POÉSIE ET BOTANIQUE

Bien cher Papa,

Enfin je vais vous satisfaire : je vous envoie une pièce de vers, la seule que j'ai faite depuis que je suis à Grasse ; elle est un peu triste, c'est une élégie ; mais pourrions-nous être joyeuses depuis que nous avons perdu Gaston ? Cependant tout ici nous invite à la joie : un ciel toujours souriant, une brise toujours caressante, un sol toujours vert et fleuri. Même au cimetière, on trouve toujours des fleurs fraîches et parfumées, et c'est en allant visiter cette demeure des morts, c'est en voyant à son œuvre le fossoyeur, c'est en rencontrant la bière d'un petit enfant couverte de fleurs, comme celle de Gaston, que j'ai eu l'idée de cette élégie. Elle est un peu longue, comme tous les chants de douleur. Les cris de joie sont plus bruyants et plus courts et ne se prolongent pas dans l'espace comme les soupirs d'un cœur brisé.

Je m'occupe beaucoup d'histoire, de musique et surtout de botanique. Mon herbier commence à prendre de grandes proportions. Le botaniste qui met le pied sur le sol de Grasse, ressemble à un enfant à qui l'on présente mille jouets, il les prend tous et ne sait lequel choisir. J'aimerais mieux vous envoyer des fleurs que des poésies, comme vous m'en demandez toujours, cela me coûterait moins.

Mais une chose que je vous envoie toujours volontiers, c'est l'assurance de mon affection et un bien doux baiser.

Votre enfant bien-aimée,

THÉRÉSA DU LAC.

LE FOSSOYEUR.

———

Demain ! c'est le tombeau !!
V. Hugo.

Je vais creuser encore une fosse profonde,
    Préparer un séjour
Pour l'enfant des mortels qui doit quitter ce monde
    Avant la fin du jour.

Qui viendra reposer dans cette humide terre,
    Dans cet étroit tombeau :
Sera-ce un jeune époux, une vierge, une mère,
    Un enfant au berceau ?

Hélas ! peut-on savoir, quand la noire tempête
    Mêle sa voix aux vents,
Quelles feuilles l'orage arrachera du faîte
    Des arbres jaunissants ?

O Mort, frappe plutôt le vieillard qui succombe
    Sous le poids de ses ans !
Pour lui la vie est triste, et la nuit de la tombe
    Met fin à ses tourments

Frappe, sans t'arrêter, l'orgueilleux et l'impie,
    Le tyran, le pécheur,
L'avare qui te fuit, le riche qui t'oublie,
    Le méchant, l'imposteur !!

Frappe le malheureux que le ciel abandonne,
    Pour qui vivre est souffrir !
L'exilé, l'orphelin, le pauvre qui frissonne
    Et demande à mourir.

Mais non ! la Mort alors volant de plage en plage
    Perdrait tout l'univers,
Et le vieux Fosssoyeur resterait sans ouvrage,
    Près des palais déserts.

Je vais creuser encore une fosse profonde,
    Préparer un séjour
Pour l'enfant des mortels qui doit quitter ce monde,
    Avant la fin du jour.

Jamais, jamais la nuit n'a jeté sur la terre
    Ses voiles ténébreux,
Sans que la pâle Mort parcourant sa carrière
    N'ait visité ces lieux.

Tout périt ici-bas : le chêne séculaire
    Et les cèdres puissants,
Le lis de la vallée à la fleur éphémère
    Et le gazon des champs !

L'oiseau peut-il toujours de ses ailes rapides
    Dans les airs se tenir ?
Et le coursier peut-il dans les plaines arides
    Toujours paître et bondir ?

Même le roc pendu sur le flanc des montagnes
    Roule dans le torrent,
Même le fleuve lent qui parcourt les campagnes
    Se perd dans l'océan.

Et l'homme, l'homme seul, cet amas de poussière,
    Ne croit point à la mort:
Alors que tout dans l'air, dans les cieux, sur la terre,
    Lui rappelle son sort;

Alors que nuit et jour, de sa faux homicide,
    La Mort partout le suit;
Alors qu'à ses côtés, comme un torrent rapide
    L'Humanité s'enfuit.

Je vais creuser encore une fosse profonde,
    Préparer un séjour
Pour l'enfant des mortels qui doit quitter ce monde
    Avant la fin du jour.

Venez, enfants de Dieu, dans ce froid Cimetière,
    Sur les bords des tombeaux!
Voyez ces os blanchis et réduits en poussière
    Et ces chairs en lambeaux!

Voyez les seuls débris de tant de créatures
    Qui firent votre amour!
Voyez quel est le sort de ces belles figures
    Qui n'ont vécu qu'un jour!!

Hommes, femmes, vieillards qui n'avez poin encore
    Au plaisir dit adieu,
Vous que la volupté trouble, agite, dévore,
    Venez tous en ce lieu.

Ici l'on ne voit plus ces roses dont vos têtes
    Aimaient à s'embellir.
Ici l'on n'entend plus les concerts de ces fêtes
    Où l'on va s'avilir !

Ici, plus de festins, ni de chants d'allégresse,
    Ici, plus de bonheur.
Ici, la mort partout a semé la tristesse,
    Le deuil et la douleur.

Une horrible pâleur couvre tous les visages,
    Les cœurs ne battent plus ;
Les yeux sont tous voilés de livides nuages,
    Tous les membres confus.

Je vais creuser encore une fosse profonde,
    Préparer un séjour
Pour l'enfant des mortels qui doit quitter ce monde
    Avant la fin du jour.

L'homme meurt ici-bas, mais son âme immortelle
    S'envole dans les cieux :
En vain dans les tombeaux la terre s'amoncelle,
    L'âme quitte ces lieux.

Et cependant, parfois, durant les nuits obscures,
    Quand le vent seul frémit,
J'entends des cris plaintifs, des soupirs, des murmures,
    Une voix qui gémit.

Ah ! pourquoi m'appeler, ossements de la terre !
    Qui cause votre émoi ? —
Et la voix murmurait sous une humide pierre :
    « Priez, priez pour moi ! »

Quand dans l'air assombri les vents et la tempête
    Viennent porter l'effroi :
La voix, la voix alors avec grand bruit répète :
    « Priez, priez pour moi ! »

Quand des chrétiens pleurant la foule recueillie
    Suit un triste convoi :
Sous les pas on entend une voix qui s'écrie :
    « Priez, priez pour moi ! »

« O vous tous, mes amis, qui m'aimâtes sur terre,
    « Vous en qui j'avais foi !
« Puisque Dieu désormais est sourd à ma prière,
    « Priez, priez pour moi ! »

Je vais creuser encore une fosse profonde,
    Préparer un séjour
Pour l'enfant des mortels qui doit quitter ce monde
    Avant la fin du jour.

Quand dans les cieux la nuit jette ses voiles sombres,
    Venez sur les tombeaux
Ecouter comme moi les plaintes de ces ombres,
    Prendre part à leurs maux !

Peut-être avez-vous peur qu'un fantôme livide,
    Se dressant devant vous,
Ne vous dise : « Demain, dans cette fosse humide,
    « Tu seras avec nous ! »

Mais que vois-je ? un enfant aux lèvres souriantes,
    Au front tout radieux...
Ah ! viens ici, bel ange, aux ailes transparentes !
    Ta tombe est dans les cieux !

Comme je suis heureux, quand dans ma fosse obscure
Je place un immortel ;
Quand j'entends sous mes pas une voix qui murmure :
« Je vous attends au ciel ! »

La mort est un beau jour pour une âme innocente,
Et la tombe un berceau.
Mais, pour les cœurs souillés, la mort est effrayante,
Et la tombe un fardeau !

Un jour, bientôt peut-être, on ouvrira la terre
Pour le vieux Fossoyeur ;
Pour lui, vous qui viendrez dans ce beau Cimetière,
Invoquez le Seigneur !

LES PAUVRES.

Grasse, le 15 Novembre.

Ici, comme partout, mon cher Jules, il y a des pauvres : à côté des maisons luxueuses, il y a l'obscur réduit ; à côté du riche qui prodigue son bien, il y a le pauvre qui meurt de faim et de désespoir.

Thérésa, qui aime tant à soulager les malheureux, a entrevu un jour ces sombres quartiers, séjour de l'infortune. Sous ce climat béni, au premier souffle de l'hiver, on voit accourir des sommets neigeux des Alpes, des milliers de créatures, hommes, femmes, enfants chassés de leur pays enseveli sous la neige. On les voit arriver par troupes nombreuses, n'ayant pour toute fortune que des membres vigoureux prêts à travailler ou à souffrir. Tant que le travail abonde, elles peuvent couvrir leur nudité et vivre ; — vivre, je me trompe : pour des gens habitués à l'air frais des montagnes, est-ce vivre que d'habiter entre les quatre murs nus et froids d'un sombre chenil, ouvert à la bise et fermé aux rayons du soleil !

Nous avons vu ces malheureux errer dans les rues et vous poursuivre de leurs cris désespérés ; nous sommes entrées dans ces réduits sans meubles, sans feu, sans couvertures, sans pain ; nous avons vu des enfants pâles de faim, grelottant étendus près de leur mère couverte à peine de lambeaux de haillons, ne pou-

vant travailler et ne pouvant sortir pour
mendier, attendant dans l'ombre et le
désespoir une mort qui tardait de venir.
D'autres femmes plus robustes, après
avoir travaillé tout le jour, sortent la nuit
par un froid vif et pénétrant, pour coudre
et filer à la clarté d'un gaz qui n'éclaire
personne, pendant que des milliers de
créatures veillent dans les ténèbres, attendant le jour. On voyait qu'une main
charitable était passée dans quelques-uns
de ces taudis... Mais comment suffire à
tant de souffrances? Heureusement qu'ici
le ciel est toujours beau et que le soleil
vient tous les jours réchauffer les membres nus des pauvres privés de feu. Heureusement aussi que les âmes fortes et
charitables qui savent braver l'odeur des
haillons, l'aspect du dénûment et le regard terne et impassible de ces êtres voués

au malheur, sont nombreuses et toujours
prêtes à partir au premier cri de détresse.

Quand l'olivier fécond couvre de ses
fruits un sol plus fécond encore, même
l'enfant qui marche à peine peut gagner
son pain, en cueillant de ses petits doigts
rouges et glacés les olives que le vent
fait tomber tous les jours. Alors non-
seulement les pauvres ont du travail
pour tout l'hiver, mais souvent même les
ouvriers font défaut, et l'olive lasse d'attendre la main qui doit la ramasser, est
emportée par la pluie, dévorée par les
insectes ou desséchée par le vent. Mais
quand le travail manque, que de pauvres
dans la misère, que d'enfants sans pain
et sans vêtements, que de mères dans le
désespoir! La religion seule peut donner
du courage et de la résignation à ceux
qui appellent la mort, et de la force

aux âmes généreuses qui pour faire l'aumône vont affronter l'égarement du désespoir et les exhalaisons malsaines en-
gendrées par la misère.

UNE FOIRE.

—

Le 30 Novembre.

Aujourd'hui Grasse a perdu sa physionomie habituelle : toutes les routes sont encombrées ; elles sont transformées en torrents vomissant dans la ville gens, bêtes et chars : hommes, femmes, enfants, veaux, vaches, cochons, mulets, brebis, chevaux, tout crie, tout pousse, tout passe, tout s'embarrasse dans le même embarras, tout sort sain et sauf et va encombrer les rues et les places trop étroites. Les montagnards arrivent en foule avec leur manteau de bure et leurs guêtres de peau, lavées par la neige. Sur les hauteurs ils luttaient contre le froid et le vent, ici ils étouffent sous leurs chauds vêtements garnis de fourrures. On voit de tous côtés des figures que l'on ne verra plus, et qui ne sont pas déplacées près des bêtes savantes et autres curiosités de la foire. Les enfants ivres de joie courent partout; les uns reviennent de visiter les ménageries et de trotter au manége; les autres demandent d'y aller. Ceux-ci ont vu lutter l'hercule du Midi; ceux-là ont entendu parler l'homme à deux têtes. Tous ils ont à la main des jouets neufs, des chiens qui aboient, des poupées qui parlent, des chevaux, des chars, des fusils. Là-bas une femme qui vend des ballons aériens, est assiégée par une troupe de gamins turbulents; ils se suspendent à ses bras, ils marchent sur sa robe, ils la poussent, ils veulent le rouge, le bleu, le vert ; la femme tombe et les ballons en liberté se balancent dans les airs : les casquettes, les chapeaux, les mouchoirs les suivent, le vent les chasse, les enfants courent çà et là, tout le monde regarde et rit, et la femme pleure : l'aumône des passants la dédommage de sa perte : mais les enfants avaient disparu...

Nous aussi nous sommes allées faire foule et foire : nous avons acheté au marché aux figues et au marché aux oranges, et en revenant, au milieu de la cohue, une enfant de dix ans s'accroche à ma robe avec une chèvre qu'elle tenait par une corde et me dit de lui acheter sa chèvre. Thérésa accepte et nous montons à la villa. L'enfant venait du col de Tende ; chassée par la neige, elle était partie avec des gens de son pays, emmenant avec elle la chèvre dont le lait la nourrit pendant tout le trajet. Maintenant elle voudrait se placer, et elle se voit obligée de vendre sa compagne à laquelle elle tient beaucoup cependant. Chevrette, en effet, est gentille au possible ; elle est toute blanche, elle a deux petites cornes comme les biches ; son poil est long et soyeux, elle mange dans la main de sa maîtresse, se couche à vos pieds comme un petit chien, et par dessus tout elle est bonne laitière. Thérésa en est folle de joie, elle lui a préparé une chambrette au rez-de-chaussée ; le jardin et la campagne fourniront facilement de quoi la nourrir ; et puis l'enfant aussi restera avec nous. Nous garderons *Nina*, et Nina gardera Chevrette. Voilà notre foire : une bonne affaire et une bonne œuvre.

Au printemps, quand nous partirons,
et quand l'enfant retournera à ses montagnes, elle ramènera Chevrette à son
pays, et en la voyant revenir, on dira :
Non seulement en France il n'y a pas
de loups, puisque Chevrette est reve-
nue, mais il y a aussi de bonnes âmes,
puisque Nina sait le catéchisme, les prières, et parle aussi bien le français que
M. le Curé… Voilà du travail pour nos
soirées d'hiver, et nous voilà aussi bien loin
de la foire qui d'ailleurs est finie en ce
moment. La foule s'est écoulée, le torrent
est passé, le silence est rétabli partout.
Il ne reste que quelques saltimbanques
qui se fatiguent en vain pour attirer des
gens qui s'en vont, et quelques vendeurs
de jouets qui comptent remplacer avant
la nuit les jouets vendus le matin. Les
marchands ont déjà fait le bilan de leur

journée ; les acheteurs regardent avec
plaisir leurs emplettes ; et nous, nous
faisons parler Nina qui, dans un langage
impossible, nous raconte sa vie et l'histoire de Chevrette.

LES TANNERIES.

Grasse, le 10 Décembre.

Je vais te faire connaître une classe d'hommes qui rendent de grands services à la société, et que je n'ai pas été étonnée de rencontrer à Grasse. Dans un pays où tout prospère, où toutes les plantes trouvent un sol fécond pour germer et fleurir, les industries aussi sont sûres de trouver un abri et des hommes qui les protégent. Ne voit-on pas en Angleterre des générations entières naître, vivre et mourir dans les entrailles de la terre,

pour extraire dans les mines et au milieu
des ténèbres le charbon qui éclaire nos
villes et réchauffe nos demeures. Ici l'on
voit des hommes qui se condamnent,
pour être utiles aux autres, à vivre aussi
loin du jour, sous des voûtes sombres et
humides. Aussi, qu'ils sont laids!! Ils
sont petits, gros et sans barbe : ils ont
le teint jaune, la démarche pénible, de
petits yeux cachés sous de longs sourcils.
Leurs pieds larges se logent difficilement
dans d'énormes sabots de bois qu'ils
peuvent à peine traîner, et qui laissent
une empreinte jaunâtre partout où ils
touchent; leurs bras forts et vigoureux
ressemblent à des barres de fer que le feu
commence à rougir; un long bonnet
jaune couvre leur tête et laisse à peine
entrevoir quelques rares cheveux, rudes
et de couleur fauve. Sous leurs haillons,

ces hommes doivent encore être fiers de
leur puissance, car sans eux, sans leur
travail le monde ne pourrait pas marcher.

Tu vas croire que je veux parler des
cordonniers ? mais il y en a partout ; —
des voituriers ? pas même. Ces hommes
ont fait jadis la fortune de Grasse, et
les parfumeries, les savonneries, les
moulins à huile disparaîtront peut-être,
et ces hommes ne disparaîtront pas. Au
moyen-âge ils formaient une confrérie
nombreuse, et Grasse, qui alors ne culti-
vait point encore les fleurs, n'était connue
de la France et de l'Etranger que par le
travail de ces ouvriers : qui n'a entendu
parler des tanneurs de Grasse ! des tanneurs, types curieux, mais rudes tra-
vailleurs. Dans l'eau, la boue et le tan,
ils polissent les peaux, les essuient avec
leurs mains tannées, les brossent avec

leurs bras vigoureux, les tourmentent avec leurs larges pieds ; cent fois sur le métier remettant leur ouvrage ; respirant le jour un air concentré et délétère, dormant la nuit sur une peau de bœuf tué la veille, et ne sortant de leur sombre demeure que pour porter sous les rayons d'un brillant soleil, dont ils ne jouissent guère, les peaux à demi-préparées.

Chaque homme porte sur lui des marques de sa profession, et dans une ville industrielle comme Grasse, on se plaît à regarder dans les rues ces hommes marqués, comme d'un titre de noblesse, au sceau de leur destinée. Le travail et la souffrance sont les compagnes inséparables de l'homme, et malheur à celui qui, à l'ombre de sa fortune, perd son temps dans la paresse et l'oisiveté. A Grasse, comme dans le village, tout le

monde est ouvrier, et il est toujours beau
de voir un peuple lutter contre l'adver-
sité, dompter les éléments et en venir
aux mains, dans un combat acharné, avec
la terre qui·lui refuse son pain quotidien.

SOURCES DE LA RICHESSE
DE GRASSE.

Grasse, le 15 Décembre.

On dit que le ciel de Béziers est un ciel incomparable et que les habitants de cette petite ville sont les plus riches de la France ; j'en doute maintenant que je connais Grasse. Si l'on excepte Genève, toutes proportions gardées, peut-être que Grasse est la ville la plus riche du monde, et son ciel ne le cède à aucun autre.

Nous sommes en ce moment en plein

hiver, et pendant que dans la plupart des villes de commerce on se repose en attendant le beau temps, ici on remplit les caves d'huile, en attendant de les remplir d'or. Les muletiers, les charretiers, le chemin de fer apportent en moyenne tous les jours, l'année de la bonne récolte, des dix mille doubles décalitres d'olives, et cela pendant près de huit mois, la récolte commençant en octobre et ne se terminant qu'à la fin de mai. Plus de cinq cents meules sont prêtes à écraser cette pâture qu'on leur jette tous les jours, et le soir des portefaix luisants, crasseux et pieds nus, emportent dans les caves, en courant dans les rues glissantes, les outres remplies d'huile.

Cent moulins à huile, deux cents parfumeries ou distilleries, dévorant tous les jours, en mai, plus de cent mille kilos de fleurs ; des savonneries, des fabriques de cire et de bougies, des magnaneries, des tanneries, des minoteries, des pelleteries, des fabriques de caisses en bois, zinc, cuivre ; des tonnelleries, des ferblanteries ; des entrepôts de vin, blé, figues, oranges, pommes de terre, expédiant en France et à l'Etranger, apportent journellement à la ville des revenus considérables. Plus de *cinquante* millions d'affaires, laissant un produit net de dix millions au moins, forment tous les ans un ruisseau qui au bout d'un siècle seulement s'est changé en une immense rivière, rendant millionnaires tous ceux qui vivent sur ses bords. En voilà assez, j'espère, pour te donner un aperçu de la fortune de Grasse. Sous un ciel où tout prospère, qu'y a-t-il d'étonnant de rencontrer le luxe et l'abondance ! Le même sol donne tous les ans plusieurs produits, et des produits rares et chers. Un peu de générosité de la part de tous ferait de ce pays un Eden merveilleux, une oasis où tous les Français aimeraient à venir se reposer au moins un jour dans leur vie, et où tu viendras, j'espère, respirer avec nous cet air pur qui nous a guéries, et admirer dans un coin de terre que le regard peut parcourir toutes les merveilles de la création, de la nature, de l'industrie.

A une source de fortune tarie en succède une autre plus abondante et plus tenace; aux huiles que l'on prépare l'hiver succèdent les parfums que l'on fabrique au printemps et en été; aux produits riches et nombreux de la terre, succèdent les produits plus rémunérateurs encore de l'industrie et du commerce. Les jours qui s'écoulent presque toujours beaux et sans nuages laissent toujours derrière eux un travail facile et agréable, et le travail ne manque jamais d'engendrer la fortune et le repos.

LE PREMIER JOUR DE L'AN.

—

Bien cher Papa,

C'est moi qui prends la plume aujour-
d'hui pour vous souhaiter une bonne année, une année meilleure que celle que
nous venons de finir. Maman n'a pas eu
la force d'écrire, elle a pensé à Gaston,
et en m'embrassant ce matin elle a pleuré.
Ni mes larmes ni mes caresses n'ont pu
la calmer ; qui pourrait remplacer Gaston !!
Je suis allée faire sortir du Collége mon
petit ami qui ressemble tant à mon frère.
Si vous saviez comme il m'aime et comme

il aime maman ! Il a passé la journée avec nous, et sa présence a fait cesser nos larmes. Mais vous, vous êtes seul le premier jour de l'an ! ! Si j'étais hirondelle ! et pourquoi Dieu n'a-t-il pas fait des ailes aux enfants qui sont loin de leur père ? les oiseaux et les anges n'en ont-ils pas ? En ouvrant la fenêtre, j'ai regardé vers l'Ouest, et j'ai dit à la brise qui passait de vous porter un baiser, de vous annoncer que je me porte bien, que j'espère vous revoir bientôt, que nous vous attendons pour vous faire jouir un peu de notre petit paradis, de ce beau ciel du Midi, du doux climat de notre nouvelle patrie.

Vous nous dites, dans votre dernière lettre, que vous avez eu du vent et de la neige. Ici on se croirait au mois de mai. Seules les matinées sont un peu fraîches :

mais, malgré cela, presque aucun arbre
n'a perdu ses feuilles ; partout on voit la
même verdure qu'en été ; les oliviers sont
chargés d'olives noires, les verts orangers montrent avec envie leurs fruits
dorés. Pour cadeau du Jour de l'an, je
vous envoie une petite caisse de fruits du
pays : des oranges, des olives salées,
quelques branches d'olivier et d'oranger
avec leurs fruits, des figues sèches, de
la fleur d'oranger, des pots de pommade,
des flacons d'essences, et des fruits con-
fits renommés que l'on expédie jusqu'au
bout du monde. J'espère que vous serez
content.

Il y a une chose que je voudrais vous
envoyer aussi, mais comment faire ? Ces
belles soirées, ce beau ciel, ces vues
magnifiques du soleil couchant, cette atmosphère des Champs-Élysées, quelle

fortune si l'on pouvait expédier tout cela
à ceux qui sont dans la neige, à ceux
qui ont froid, à ceux qui souffrent! Ce
n'est pas étonnant que des Etrangers
viennent du fond de la Pologne, de la
Russie, de l'Angleterre, chercher dans
ce petit coin de terre au fond de la Provence ce qu'on ne trouve nulle part.
Oh! quand viendrez-vous, vous aussi? cela
vous fera vivre dix ans de plus. Apportez
en venant un souvenir pour Gaston qui
vous envoie comme moi une bonne ca-
resse. Maman vous embrasse et vous
écrira bientôt; moi, je vous attends pour
vous faire voir mon jardin, mes fleurs,
mes plantes, mes poésies, mon travail
sur l'histoire, et pour vous dire que je
vous aime plus que jamais.

THÉRÉSA DU LAC.

FLEURS DE MARS.

Grasse, le 1ᵉʳ Mars.

> Ici durent toujours les fleurs qui durent peu.
>
> V. HUGO. *Feuilles d'Automne.*

Le vent souffle; heureux vent, il nous a apporté les hirondelles. L'hiver est donc passé, les chaleurs vont revenir, et toi, mon ami, quand viendras-tu ? Quel vent faut-il appeler pour qu'il te ramène sur ses ailes rapides ? Le vent de la verte Erin ne doit pas suffire pour emporter dans le Midi un gros Normand. Je vais écrire au mistral ; le mistral qui vient briser ses ailes sur les rochers noirs de l'Estérel, et qui dans le Var et les Bouches-du-Rhône arrache les arbres, abat les maisons, renverse les chars et les voitures et arrête même le chemin de fer : je lui dirai d'aller te chercher et de t'amener mort ou vivant, tu me l'as promis et j'y compte. Viens, tu pourras voir encore des champs de violettes où les grives et les merles vont se parfumer, après s'être rassasiés de douces olives et de petites baies de genièvre et de laurier. Nulle part on ne voit autant de lauriers qu'ici ; partout ils vous tendent les branches pour vous inviter à tresser des couronnes. Du temps des Grecs et des Romains, Grasse aurait été un sol sacré où tous les grands hommes seraient venus se faire couronner. Jérusalem peut avoir plus de palmes, mais elle n'a pas plus de couronnes ; je t'en ai préparé une si tu es victorieux de ta paresse et si tu viens nous voir. Tu seras ravi d'admiration devant ces champs d'anémones de toutes couleurs, disposées quelquefois en berges symétriques, comme si on les avait cultivées et plantées. Là, elles s'étendent comme un immense manteau de pourpre, ici, comme un manteau d'hermine; plus loin, comme un tapis de Chine aux couleurs les plus vives et les plus variées, s'agitant dans la plaine, tantôt comme un drapeau tricolore, tantôt comme un drapeau rouge, tantôt comme un drapeau blanc : les rouges lèvent plus audacieusement la tête, poussent partout ; les blanches sont plus délicates et plus rares ; les bleues se mêlent aux unes et aux autres *. Dans

* Principales variétées d'anémones : *Cyanea*,

les endroits plus humides, ce sont les tulipes effrontées, les narcisses dorés et les muguets blancs et bleus qui couvrent le sol jusque dans les plus profonds ravins. Partout se cachent dans l'ombre des champs de jonquilles ; mais leur parfum les trahit de loin, et les yeux n'osent regarder ces mobiles diamants posés sur une frêle tige et se perdant comme un ruisseau d'or au milieu de la verdure et sous l'ombrage sombre des oliviers. Sur les routes, les petits enfants des champs viennent vous offrir de petits bouquets qu'ils font à la hâte, et

Phœnicea, Rissoana, Ventreana, Mouansii, alba, rosea, Grassensis, stellata, pavonina, variata, lepida...

Narcisses : *Pseudo-Narcissus, incomparabilis, odorus, poeticus, biflorus.*

Jonquilles : *Intermedius, aureus, chrysanthus, italicus, obliquus, tazzetta, papyraceus.*

Tulipes : *Oculus solis, præcox, Lortetii, clusiana*

qu'ils sont heureux de vous donner pour quelques centimes. Je t'envoie une gerbe de ces fleurs champêtres avec griffes et oignons, pour que tu puisses les admirer et les disposer ensuite dans notre serre. Nous les avons toutes cueillies avec Thérésa, elles te parleront de nous, et tu trouveras la marque de nos baisers sur leurs pétales brillants. Si tu étais abeille intelligente, en les voyant tu partirais aussitôt pour venir t'établir dans ce pays charmant; tu quitterais peut-être ton commerce pour devenir parfumeur. Nous irions nous-mêmes cueillir des fleurs de jasmin, d'oranger et des roses; nous les effeuillerions. Ah! je comprends maintenant pourquoi tout le monde travaille à Grasse !!

De Cannes beaucoup d'Étrangers viennent tous les jours ici pour contempler ces champs diamantés. Le soir ils retournent chargés de fleurs cueillies en errant dans la plaine sous un soleil doux et bienfaisant. Le lendemain d'autres curieux viennent voir et cueillir d'autres fleurs que la nuit a fait éclore, et ils repartent se promettant de revenir encore. Madame de Belmont, nouvellement arrivée à Cannes, est venue passer une journée avec nous et ne pouvait se rassasier d'admirer ces belles campagnes. Quel panorama ! quelle verdure ! Mais qui a semé ces fleurs ? Dieu seul peut faire ces merveilles ! ! Elle venait de quitter son château de Saint-Amand, sur les créneaux duquel les corneilles se promenaient encore : elle n'avait pas vu pousser encore un brin d'herbe dans ses parterres, pas une feuille aux arbres des allées, et partout le sol était encore durci. Après quel-

quelques heures de chemin de fer, elle se trouvait, comme par enchantement, transportée dans un monde nouveau. Et toi, quand viendras-tu ?

LE PRINTEMPS.

Grasse, le 1er Avril.

> Pourtant j'aime une rive
> Où jamais des hivers
> Le souffle froid n'arrive.
> **V. Hugo**, *Orientales.*

Ici, on ne voit pas arriver le printemps ; mais pour que vous fassiez attention à lui, il vous étonne et vous confond. Un manteau de verdure plus vert et plus serré s'étend de toutes parts ; des fleurs plus fraîches, plus brillantes, plus parfumées, remplacent les fleurs ridées par le vent de la nuit ; un air de jeunesse et de gaîté brille partout. Des brises nouvelles, légères et folâtres font vibrer des cordes inconnues et jusqu'alors immobiles ; le murmure du ruisseau perd sa monotonie et trouve des accents nouveaux et plus doux ; les nuages ne se traînent plus sur les monts, noirs et pesants, mais vaporeux, brillants et aux formes gracieuses, ils se courbent, se dressent et s'allongent sous la brise qui les berce pour distraire les regards. La rosée est plus abondante et pendant la nuit tout pleure, les arbres, les fleurs, les gazons ; mais ces larmes sont des larmes de joie et d'amour causées par les souffrances agréables de la reproduction et transformées, au lever du soleil, en rubis et en diamants aux mille couleurs. Les hirondelles volent partout dans les airs et dans les rues, caressant parfois vos joues de leurs ailes rapides, poursuivant les papillons qui sortent de toutes les fleurs, se posent sur toutes les feuilles et viennent se balancer devant vous, comme pour vous montrer leurs ailes brillantes d'or et d'azur. Sur les coteaux, dans les plaines, dans les vallons, les rossignols, les merles, les chardonnerets chantent, sifflent, gazouillent ; les arbres s'éveillent, secouant leurs branches, se dépouillant de leurs vieilles feuilles et paraissant tout-à-coup resplendissants de grâce et de verdure. Dans quelques heures les cerisiers, les pêchers, les lilas sont couverts de fleurs blanches et rouges, les rosiers ont caché leurs épines sous leurs feuilles et leurs fleurs, les marronniers ont laissé tomber leur feuillage touffu et monter dans les airs leurs fleurs pyramidales : un air chaud vous invite à quitter vos demeures, à assis-

ter au premier réveil des fleurs , à entendre le premier chant de mille oiseaux
au plumage varié. Les personnes elles-
mêmes paraissent plus jeunes et plus
fraîches , elles sont plus avenantes , on
dirait qu'elles vous aiment davantage ,
qu'elles sourient avec plus de grâce et de
facilité ; les rues paraissent plus larges ,
le ciel plus élevé , l'espace plus étendu ,
les gens et la nature plus rapprochés.
Ce n'est pas, comme chez nous, la vie qui
succède à la mort ; c'est une vie nouvelle plus fraîche et plus aimable qui
remplace une autre vie , c'est le réveil
de l'enfant qui succède au réveil de la
mère, c'est le soleil qui succède à l'aurore, c'est une jeune dame qui laisse sa
parure de velours pour prendre une parure de soie plus voyante , plus fredon-
nante, plus tapageuse. Même les moineaux

du toit cherchent à chanter, pendant que
le grillon, sortant de terre, vient en criant
regarder ce qui se passe au dehors, et
que les lézards vont s'étendre au soleil.
Un seul être aimé manque à cette réunion
de choses aimables, d'êtres intelligents
et beaux qui nous charment et nous sourient, et Thérésa, dans ses extases d'admiration, s'écrie souvent : Si papa était
là, comme nous serions heureuses ! comme il serait heureux lui-même ! Encore
deux jours, que cela est long ! !

ADIEUX A GRASSE.

Adieu beau ciel, adieu tièdes haleines,
Noirs oliviers, coteaux, fertiles plaines,
Soleil, parfums, fraîche brise du soir,
Beaux jours passés! Adieu, mais au revoir!

Je n'aime plus ma belle Normandie,
Depuis que Grasse, en me rendant la vie,
A sous mes yeux étalé ses attraits,
Son ciel, ses fleurs, ses brises, ses bienfaits.

Ici, jamais la tempête ne passe,
Jamais le sol ne durcit sous la glace,
Jamais le vent n'exerce ses fureurs,
Jamais le froid ne fait périr les fleurs.

Ici, tout vit, tout chante, tout respire,
Tout est parfum, bonheur, joie et délire;
L'oiseau, la fleur, l'insecte et les ruisseaux
De leurs concerts charment tous les échos.

On vit heureux sous un ciel où les roses,
Les orangers et mille fleurs écloses
Embaument l'air de leurs douces senteurs,
Charment les yeux et séduisent les cœurs.

Ciel enchanteur, ô beau ciel de Provence !
Qui te connaît, qui connaît ta clémence,
Sous d'autres ciels n'ose porter ses pas,
Et loin de toi ne trouve que frimas.

Je reviendrai, si Dieu me prête vie,
Dans tes vieux murs, ô Grasse mon amie !
Dans tes beaux champs je reviendrai courir,
Et sous ton ciel j'espère un jour mourir !

FIN.

[illegible]

[illegible] and the [illegible] [illegible] every [illegible]
[illegible] of [illegible] the [illegible]
[illegible]
[illegible]

[illegible] of [illegible] the [illegible] of [illegible]
[illegible] of [illegible] [illegible]
[illegible]
[illegible]

[illegible] to [illegible]
[illegible]
[illegible]
[illegible]

TABLE DES MATIÈRES.

FIN DE LA TABLE.

à GRASSE, Rue Droite, 31

HORLOGERIE — COUVERTS — CANDELABRES

GUSTAVE ⊕ ROUQUIER

BIJOUTERIE, MONTRES, PENDULES

LUNETTES, LONGUE-VUES, JUMELLES

JEU DE BALLON

BONNET

Gd Hôtel VICTORIA.
Omnibus à la Gare.
TABLE D'HOTE.
VOITURES DE LOUAGE

GRANDE FABRIQUE DE CIERGES DE BOUGIES
DE CIRE
Grasse, rue

GOBY PÈRE ET FILS.

FOURNISSEURS DU DIOCÈSE.

Avenue de la Gare.

PARFUMERIE
CHIRIS FRÈRES
SUCCURSALLES EN ESPAGNE
& EN AFRIQUE
UN MILLION D'AFFAIRES
SUR LA PLACE DE PARIS.